F Brunold

Mädchenfreundschaft

Eine Lebensgeschichte

F Brunold

Mädchenfreundschaft
Eine Lebensgeschichte

ISBN/EAN: 9783743310339

Hergestellt in Europa, USA, Kanada, Australien, Japan

Cover: Foto ©Thomas Meinert / pixelio.de

Manufactured and distributed by brebook publishing software
(www.brebook.com)

F Brunold

Mädchenfreundschaft

Mädchenfreundschaft.

Eine Lebensgeschichte.

Der weiblichen Jugend

erzählt von

F. Brunold.

Mit einem Titelbilde.

Leipzig und Steglitz,

Verlag von R. F. Albrecht.

1882.

)

1.

Wir wollen ein wenig der Schulzeit gedenken, jener Zeit, wo der Himmel blau und wolkenlos über unsern Häuptern schwebt, wo Spiel und Tanz unser Morgen= und Abendgedanke ist, und wo der ganze Ernst des Lebens sich in dem Worte Schule zusammen= drängt. So eben lugt ein Sonnenstrahl in diesen Werkeltag des Lebens; der Lehrer hat sich entfernt, Zwischenstunde ist, zwei Stunden des ernsten ange= strengten Lernens und Aufmerkens sind vorüber, das Auge des Lehrers ruht nicht fragend auf dem Angesicht der Schüler; ein ganz klein weniges frischer Luft ist geschöpft, auch ein bißchen geplaudert und sich einen Augenblick harmlos geneckt — und nun geht es wieder zum Schulzimmer hinauf — viele von der kleinen Knabenschar ihre Butterbrötchen, ihre Semmel noch in der Hand haltend. Anstatt jedoch, nachdem sie droben angekommen, sofort nach ihren Plätzen zu gehen, bleiben alle nach und nach in dem großen Zwischengange, der zum Katheder führt, stehen. Hier brängen die Knaben sich haftig, wild, freudig, aber ohne Zank und Streit durcheinander, und ohne die eigentliche Absicht der Kinder erraten zu können, vernimmt man nur die Ausrufungen: Heinrich, hier! ein Butterbrot; hier eine Semmel! — Ein rotbackiger, freundlicher Knabe ruft: Morgen bring' ich dir einen großen Apfel mit. — Der Knäuel der Kinder wird bald größer, bald enger, alle scheinen nur eine Absicht, nur einen Zweck zu haben. Keins der Kinder hat das Eintreten des Lehrers bemerkt, der seit längerer Zeit schon dem Treiben der Kinder zuschaut. Endlich wird einer der Knaben den Schulmonarchen gewahr, er teilt den Übrigen seine Entdeckung mit; eilt wie jeder seiner Mitschüler nach seinem Platze — und der noch so eben dicht gedrängte, gefüllte Gang ist plötzlich wie im Umsehen von den Kindern verlassen.

Alle, bis auf ein Kind, haben sich aus dem Gange entfernt und ihre Plätze eingenommen; neugierig schüchtern nach dem kleinen, bleichen, armen Knaben schauend, der mehrere Butterbrote und Äpfel im Arm haltend, zitternd nach dem Lehrer schaut und dann wieder schnell einen Blick nach der Erde wirft, wohin mehrere Semmeln, Äpfel und ein Stückchen Pfeffer= kuchen gefallen, daß er alles in der Angst und Hast, nach seinem Platze zu kommen, vom Arm verloren.

Der Lehrer schaut dem Knaben einige Augenblicke

in das bleiche, ängstliche Gesicht, dann fragt er gelassen: „Sind die Semmeln und die Butterbrote alle die deinigen?"

Der Knabe schaut ängstlich einen Augenblick in der Klasse umher, hin und wieder nickt ein Mitschüler mit den Augen ihm zu, und endlich sagt er: „Ja — es sind die meinigen — die Kinder haben sie mir geschenkt."

„Hast Du kein Butterbrot von Hause Dir mit= gebracht?"

Der Knabe wurde auf diese Frage des Lehrers immer verlegener, endlich sagte er: „Wir haben kein Brot — ich habe heute noch nichts gegessen — und mich hungerte."

„Und nun batest Du bei Deinen Mitschülern?"

Das Kind vermochte nicht zu antworten; die übrigen kamen ihm zuvor und riefen: „Nein! nein! wir haben es dem Heinrich freiwillig gegeben; wir geben ihm alle Tage von unserm Butterbrote. Er ist so arm!"

Der Lehrer streichelte dem Knaben die Backen, er fragte weiter: „Teilen Deine Mitschüler schon lange ihr Butterbrot mit Dir?"

„Ach, ja! aber besonders, seit der Vater krank ist und die Schwester kein Brot für uns kaufen kann."

„So viel kannst Du ja aber nicht essen, als Du bekommen hast."

„Ach, nein! ich esse auch nur immer ein wenig
davon, das übrige nehme ich mit nach Hause — und
die Schwester kocht für uns alle Brotsuppe davon;
die Butter von den Broten nehmen wir zu unsern
Kartoffeln."

Der Lehrer schwieg wieder einige Zeit; die Mild=
thätigkeit der Kinder gegen solch' ein armes Mitglied
der Schule rührte ihn tief; er streichelte nochmals dem
Knaben die Backen, packte ihm selbst die Butterbrote und
die Semmeln auf, gab ihm das Stückchen Pfefferkuchen,
welches nochmals herabfiel, in den Mund, hieß ihn
still nach seinem Platze gehen, und ging dann selbst
sinnend dem Katheder zu.

Der Lehrer schwieg, er lobte, er tadelte die Kinder
wegen ihres Thuns nicht — aber dennoch merkten die
Schüler dem Lehrer die milde, weiche Herzensstimmung
an. Heut schalt er nicht, er sprach nicht laut, er verwies
keinem Kinde seine Unarten während des Unterrichts
mit strengen, kurzen Worten — er ermahnte nur zur
Ruhe, und die Kinder selbst gestanden sich am Schlusse
des Unterrichts, noch nie eine so schöne, frohe Stunde
gehabt zu haben, als die eben zuletzt verflossene. Als
nun gar der Lehrer beim Nachhausegehen den Heinrich
zu sich nach seiner Stube rief und ihn, mit einem
Topfe voll warmer Suppe beschwert, nach Hause
schickte, da jubelten die Kinder in ihrem Herzen auf,

und andern Tags bekam der Knabe noch einmal so viel geschenkt, als sonst an den Tagen zuvor.

Doch wollen wir den armen Heinrich nicht begleiten? Wollen wir nicht einen Blick hineinthun in die tiefe Armut eines Menschenlebens? Die Sonne lacht gar klar und hell vom blauen Himmel herab; sie wirft ihre Strahlen hinein in die kleine, enge, düstere, einfenstrige Stube, in der der Vater auf ärmlichem Lager krank darniederliegt. Die Tochter, ein Mädchen von vierzehn Jahren, ein Mädchen, für ihr Alter überaus groß und wohlgebaut, mit scharfblickendem, intelligentem Auge, legt dem Vater soeben das einzige Kissen weicher und bequemer zurecht, worauf sie zum Herde geht, um einen kleinen Topf mit Wasser tiefer in die Asche zu schieben. Sie harrt auf die Rückkunft des Bruders, der, obgleich die Schule längst geschlossen sein muß, doch heute ungewöhnlich lange ausbleibt. Der Vater stöhnt vor Schmerzen, oder vielleicht vor Hunger, ängstlich auf; die Tochter, die seit dem Tode der Mutter der Wirtschaft allein vorsteht, und während der Krankheit des Vaters die einzige Stütze der Familie ist, wirft einen langen Blick durch die trüben, blinden Scheiben nach der Straße hin. Unwillkürlich atmet sie hoch, freudig auf, als sie jetzt den Bruder von fern herkommen sieht. Sie hatte gefürchtet, er müsse vielleicht wegen Unaufmerksamkeit in der Schule nachbleiben und dann hätte der Vater

seine Nahrung und Stärkung entbehrt. Das Mädchen
war, wie gesagt, im Begriff den Topf zur Suppe
tiefer in die Asche zu schieben, als der Heinrich in die
Stube trat und mit seiner stärkenden Suppe sogleich
zu dem Vater lief und ihm dieselbe hinreichend mit
hastigen, kurzen Worten sein Erlebnis mitteilte.

Dem Kranken schmeckte es außerordentlich gut,
er hatte ja seit langer Zeit solch ein Labsal nicht gehabt. Als er jedoch den Kindern von seinem Reichtum abgeben wollte, nahm die Tochter nur ein
weniges, mehr, wie man sah, um den Vater durch
ihre Weigerung nicht zu kränken, als um sich zu
sättigen; während der Bruder freudestrahlend berichtete, daß er bereits bei dem Lehrer, bei dem Herrn
Valentin, gegessen habe.

Es war ein schöner, lichter Augenblick in dem
Leben armer, verlassener Menschen.

Der Kranke war eingeschlummert, Heinrich saß
der strickenden Schwester zu Füßen. Alles war still.
Plötzlich wurde die Thür leise aufgemacht, Heinrich
schlug die Augen auf, sein Lehrer stand vor ihm.
Die Handlungsweise der Kinder gegen ihr ärmeres
Mitglied hatte den Lehrer tief gerührt, er kam, um
sich selbst von dem Elend der Familie zu überzeugen,
um rettend einschreiten zu können.

Wohl kann man fragen, woher es kam, daß
niemand sich bisher um die Familie bekümmert habe,

da doch die Kinder den armen Heinrich schon seit Wochen mit ihren kleinen Gaben unterstützt und erhalten hatten. Man weiß jedoch, wie es zuzugehen pflegt; die Kinder hatten wohl beiläufig daheim von der Sache gesprochen, doch die Eltern hatten nicht weiter darauf groß geachtet; oder meinten auch wohl: Die Leute müßten so arm nicht sein, da niemand von ihnen komme und bettle. Die groben, faulen Bettler, die kommen wohl; aber die wirklichen verschämten Armen sterben oft lieber vor Hunger, als daß sie betteln gehn. Überdies hatte der Mann, bis vor seiner Krankheit, fleißig in den Steingruben, wo die Steine zu dem Pflaster der Stadt gegraben und geschlagen wurden, gearbeitet, so daß seine näheren Bekannten selbst von seiner Dürftigkeit keine Ahnung hatten — oder wenigstens nicht weiter darüber nachdachten, daß eine so lange Krankheit selbst Leute im Wohlstande herunterbringen müsse. Der Lehrer hatte erst heute von der Sache erfahren. Einen Augenblick stand er überrascht, als er in das ärmliche Zimmer trat, wo jeder Blick die bitterste Armut bezeugte — und wobei, trotz alledem, eine gewisse Sauberkeit und Ordnung nicht ausgeschlossen blieb.

Welche Charakterstärke und Willenskraft mußte sich bereits in diesem jungen Mädchen entwickelt haben. Herr Valentin entsann sich jetzt, daß der Heinrich, wenn auch ärmlich, doch stets sauber und mit frisch gewaschenem Gesicht und glatt gekämmtem Haar zur Schule gekommen; daß seine häuslichen Arbeiten stets ordentlich und gut ausgeführt waren. Und waren seine Schreibehefte auch nicht besonders regelrecht und fein, sondern, wie er jetzt erkannte, wohl aus leergelassenen Blättern aus den Heften seiner Mitschüler, die er wohl, wie die Brötchen, von ihnen erhalten hatte, zusammengenäht; so war doch dies alles mit einer gewissen Eleganz und Sauberkeit ausgeführt worden, die nach diesem Umblick doppelt in Erstaunen setzen mußte. Man mußte das junge Mädchen ordentlich bewundern, wenn man bedachte, daß die Mutter schon seit Jahren tot und es alles — in gewisser Hinsicht — aus sich selbst geworden, was sie eben war. Not und Entbehrung hatten sie nicht niedergebeugt, sondern, wie man sah, ihre Willenskraft gestärkt — und ihren Geist wachgerufen. — Und wie sauber stand sie selber da, trotz ihres ärmlichen, schmucklosen Kleides. Da war keine Naht aufgegangen, kein Band fehlte! — Und wie sauber, glatt gestrichen, war das schöne, schwarze Haar! — Gewiß, das Mädchen, die Elfriede, nahm in jeder Hinsicht für sich ein — und man konnte dem Vater nur Glück zu einer solchen Tochter wünschen — obschon auch der Heinrich als ein guter Bursche sich stets zeigte.

Leider war der Lebensfaden des armen Kranken aber abgelaufen. Der Arzt, der auf Ansuchen des

Lehrers bald eintrat, vermochte keine Hülfe mehr zu
bringen. Die Kräfte waren gänzlich aufgezehrt, die
Uhr war abgelaufen, und obgleich nun von allen
Seiten stärkende Nahrungsmittel gebracht wurden,
obgleich bei dem Kranken ein Reichtum einkehrte, wie
er ihn in gesunden Tagen kaum je geahnt, so waren
dennoch seine Stunden gezählt. Seine letzten Tage
glichen dem Aufflackern einer verlöschenden Lampe,
vom Zugwind noch einmal aufgeweht; der Blume, die
durch künstliche Mittel noch einmal zum Blühen gezwungen wird — er starb. Als der Lehrer nach
einigen Tagen wiederkam, umstanden die Kinder die
Leiche des Vaters, und der Armenvorsteher des Stadt-
viertels besprach sich mit dem gleichzeitig anwesenden
Tischler, kalt, teilnamlos über den Sarg und die Be-
gräbniskosten des Verstorbenen.

Andern Tages trug man den Toten hinaus zur
ewigen Ruhe. Rasch, ohne Ordnung gingen die Träger
mit dem schmucklosen einfachen Sarg hinaus; kein
Freund, kein Verwandter folgte, nur die Tochter, den
Heinrich an der Hand, ein schwarzes Band um den
Kopf gewunden, eilten dem Sarge nach. Blumen
hatten sie nicht, nur die Thränen der Kinder fielen
auf den losen, leicht hingeworfenen Sandhügel, darunter
der Vater lag.

Als der kleine Heinrich nachmittags, eine vater-
und mutterlose Waise, in die Schule trat, gingen ihm

die Kinder alle entgegen, brachten ihm Bilder, bunte Papierstreifen und der eine der Knaben gab ihm ein großes Stück von seinem schönen, feinen Geburtstags= kuchen, das er eigens für ihn mitgebracht hatte. Nun hatte der arme Knabe doch auch, wie die Kinder reicher Leute, Kuchen zu essen bei dem Totenschmause.

Der Lehrer, der sehr gern der Leiche zum Kirch= hofe gefolgt wäre, was er aber nicht gekonnt, da er die Schule um solcher Armenleiche doch nicht hätte aussehen dürfen — fragte sich, im Hinblick auf die Kinder: Was nun? — Er hatte schon gehört: Der Junge, der Heinrich, kommt ins Waisenhaus — und die Schwester, das Mädchen, ist alt genug, die kommt zu fremden Leuten, kann dienen. Das war nun so weit auch gut — und hätte in den meisten ähnlichen Fällen auch genügt. Aber dem Lehrer wollte die Anordnung nicht in den Sinn. Und wenn er für jetzt für den Heinrich auch kein anderes, besseres Unterkommen, als ins Waisenhaus, wußte, so wollte ihm das Dienen der Schwester, vielleicht bei rohen ungebildeten Leuten, doch in keiner Hinsicht gefallen. Das Mädchen hatte einen so feinen, natürlichen Anstand und überdies — wie aus einigen Fragen und Antworten, die er gethan, hervorging — einen tiefen, inneren Drang ihre Kennt= nisse zu erweitern. Es lag in ihr ein Wissensdrang, der etwas Bewältigendes hatte — und der, so derselbe unterdrückt und niedergehalten würde, sie auf Abwege

und Verirrungen führen konnte; abgesehen davon, daß
es zu bedauern, wenn ein vielleicht tief begabtes
Mädchen so verkümmern und verkommen sollte.
Wie gesagt, dem Lehrer wurde das Herz schwer.
Er hätte der Elfriede so gern ein besseres Los, als
das eines armen Kindermädchens ist, oder einer niedern
Magd, bereitet, aber er wußte nicht, wie ein anderer
Weg anzubahnen und einzuschlagen.

Trübsinnig nahm er seinen Gang zum Hause des
Herrn Kaufmann Verdessen, des Großhändlers, wo er
der elfjährigen Tochter desselben, der Alice, eine
Klavierstunde zu geben hatte. Er ging überaus gern
sonst nach dem Hause. Nicht allein daß seine Schülerin
geweckt, fleißig und begabt, also der Unterricht bei
derselben ihm eine Freude und ein Genuß war, so
wurde er auch stets von der Tante der kleinen Alice,
die nach dem Tode der Mutter derselben dem Haus=
wesen des Herrn Verdessen vorstand und Mutterstelle
an dem einzigen Kinde des Bruders versah — überaus
wohlwollend und achtungsvoll aufgenommen, so daß
auch nach dieser Seite hin für ihn der Aufenthalt
dort ein höchst angenehmer und selbst segenbringender
war. Herr Valentin, der Lehrer, war ein überaus be=
gabter Mann und er würde es, namentlich in bezug auf
Musik, gewiß zu Bedeutendem gebracht haben, wenn
die häuslichen Sorgen und Verhältnisse nicht stets
hemmend und niederbeugend ihm entgegen getreten

wären. Der Vater, auch Lehrer, war während seiner
Seminarzeit bereits gestorben — und er, als guter
Sohn, hatte die Mutter sofort nach seiner ersten An=
stellung zu sich genommen — und so von vornherein
mit Nahrungssorgen zu kämpfen gehabt, die auch
nicht wichen, nachdem die Mutter gestorben und er eine
eigene Häuslichkeit zu gründen begonnen hatte. In
seiner Kunst, in der Musik, der er leidenschaftlich er=
geben war, fand er allein: Trost, Ruhe und Be=
ruhigung in allen Widerwärtigkeiten und Sorgen des
Lebens und seines Amtes.

Zu diesem war nun heut noch die Sorge um die
Kinder, die Elfriede und den Heinrich, gekommen. Für
den letzteren waren bereits die nötigen Schritte ge=
than, um ihn sofort nach dem Waisenhause bringen
zu können — aber das Mädchen, die Elfriede, nahm
noch immer sein ganzes Nachdenken in Anspruch, ohne
daß er zu einem festen Entschlusse kommen konnte,
was mit derselben anzufangen. Das junge Mädchen,
denn ein Kind war die Elfriede dem Ansehen und ihrem
ganzen Wesen und Gebahren nach nicht mehr — war
überaus eigenartig erwachsen und entwickelt. Trotz
aller Armut und Sorge, die sie täglich und seit
längerer Zeit umgeben, war sie, sowohl in geistiger
wie körperlicher Entwickelung nicht zurückgeblieben.
Sie war groß, und man konnte sagen, schön gewachsen;
selbst die Kleidung trotz aller sichtbaren Armut und

des Abgetragenseins, war sauber und ließ nirgend
sichtbare Schäden und Riffe bemerken; wie denn auch
ihr Haar·überaus glatt, und nicht ohne Geschmack
und einem gewissen natürlichen Kunstsinn geflochten
und geordnet war. Genug, jeder Blick und jedes
Wort, das man mit dem jungen Mädchen sprach,
zeigte an, daß dasselbe in dienender, niedriger Stellung
und in roher Umgebung und Abhängigkeit sich überaus
unglücklich fühlen, vielleicht auch moralisch und körper=
lich bald untergehen würde. Man fühlte und sah es,
daß das Mädchen sich zu Besserem emporarbeiten
würde, so ihm Mittel und Wege dazu nicht abge=
schnitten würden. Alles dies bedenkend und erwägend,
beugte sich das Haupt des Lehrers unwillkürlich ein
wenig sorgenschwer nieder. Kannte er doch aus
eigener, schmerzlicher Erfahrung: was es heißt, alle
Blüten der Geistes und des Weiterstrebens durch die
Sorge des Lebens und der Verhältnisse niedergehalten
zu sehen. Und so war es denn auch natürlich, daß er
selbst während des Unterrichts seiner lebendigen
Schülerin, der Alice, im Hause des Herrn Verbessen,
ernster und gebeugter als sonst war, so daß selbst die
Tante, Frau Römer, die am Ende der Stunde leise
eingetreten war, um sich mit ihrer Handarbeit am
Fenster niederzulassen, wie sie dies gemeinhin während
des Unterrichts that — sein sorgenumflortes Auge be=
merkte — und endlich teilnehmend fragte: „Ist Ihnen

Unangenehmes begegnet? Sie sehen mir heut, lieber
Herr Valentin, nicht so gut als sonst aus. Sie
fühlen sich doch nicht krank — oder . . .

Der Lehrer blickte auf und sagte einfallend —
kannte er doch die Dame als eine überaus wohlge=
sinnte, und zu jeder Hilfe gern bereite — „o, nicht
krank — doch sorgenvoll! Ich überlegte bereits, ob
ich Ihnen, geehrte Frau, nicht meine Sorge mitteilen
sollte. Ihr freundliches Entgegenkommen giebt mir
den Mut dazu; zumal Sie in dieser Sache und An=
gelegenheit das Richtige und die Hilfe leichter finden
werden, als es mir möglich sein würde." — — Und
er erzählte — was er erlebt — und wie er nun rat=
los bastünde — und nicht wisse, wo das Mädchen
unterbringen, oder was mit demselben anzufangen.

Frau Römer hatte ernst, sinnend zugehört; als
der Lehrer seinen Bericht geschlossen, fragte sie: „Und
Sie meinen wirklich, daß das junge Mädchen es ver=
dient, daß man sich seiner annimmt; wie auch, daß
es sich in einer untergeordneten dienenden Stellung
nicht wohl fühlen würde? Ist dies bei dem Mädchen
aber nicht vielleicht ein unzeitiger, unberechtigter Stolz?
Oder könnte dasselbe wirklich zu anderem ausgebildet
werden? Hat das Kind Anlagen, oder hat die
Elfriede irgend wie geäußert, was sie gern und aus=
schließlich gern werden möchte?"

„Das ist ja eben das Wunderbare", fiel der Lehrer, fast unmutig, lachend ein. „Ich weiß nicht, woher das Mädchen überhaupt die Idee hat — oder denkt sie dadurch ihren Wissensdrang am leichtesten befriebigen zu können — sie hat sich in den Kopf gesetzt „Schriftsetzerin" zu werden!

„Schriftsetzerin!" rief Frau Römer und sah ganz verwundert auf. „Das ist freilich eine absonderliche Idee; und zwar besonders für ein Mädchen in den Verhältnissen. Da wird schwer zu helfen sein, um diesen Wunsch in Erfüllung gehen zu lassen. Und überdies: hat die Elfriede die Kenntnisse dazu? Aber selbst wenn es wäre, wo brächte man das Mädchen während der Lehrzeit unter? Wer könnte und würde sie unterhalten? Es gehört doch zu allem diesem Geld — und abermals Geld. — Eine kuriose Idee von einem so jungen Dinge, Schriftsetzerin zu werden! In meiner Jugend lernten wir Mädchen einen guten Strumpf stricken, ein Hemd nähen — und gingen der Mutter in der Wirtschaft zur Hand, wo wir mußten und konnten. Jetzt ist das freilich anders — und mag auch in mancher Hinsicht gut sein; wiewohl mich dünkt, daß man gegenwärtig ein wenig derart zu viel thut. Das Haus, die Wirtschaft, wozu denn auch die einfachen Näh= und Strickarbeiten gehören, sei der Frauen eigentliches Arbeitsfeld, das Fundament, worauf eine gute, angenehme

Häuslichkeit zu gründen sei. Jetzt sollen die Mädchen zu allen möglichen Geschäften geschickt und angelernt sein, um sich dereinst ihr Brot selber verdienen zu können. Ganz gut, wenn es einmal sein muß — aber, aber ich glaube, man geht auch hierin zu weit — und bei Ihrem Schützling weiß ich vollends nicht, was ich sagen soll. Da wird schwer zu raten und zu helfen sein!"

Wie aber Kinder und halb erwachsene junge Leute meist scheinbar harmlos spielen und sich bei ihrer Beschäftigung um Erwachsene und ihre Gespräche nicht zu kümmern scheinen, während sie doch alles hören, beachten und erwägen; auch gemeinhin dann plötzlich, unerwartet mit einer Bemerkung dazwischen kommen — so auch hatte Alice der ganzen Unterredung ihr Ohr nicht verschlossen. Und während die Tante und Herr Valentin noch ratlos standen — und sich einander verlegen ansahen — trat sie herzu und sagte altklug, aber siegesgewiß, als könne es gar nicht anders sein: „Kaspers reden ja immer: sie möchten gern eine Tochter haben. Gieb Ihnen, Tante, die Elfriede — dann haben sie ein Kind! Auch haben sie die Giebel-stube, die leer steht — da wollen wir ein Bett, einen Tisch und einen Stuhl hinein stellen — ich werde den Vater bitten, daß er es erlaubt — und er er-laubt's, wenn ich bitte — dann hat die Elfriede ein schönes Zimmer. Das Fenster geht nach dem Garten, wo die Rosen stehen — und Du Tante, giebst ein

paar Mark, Onkel Senator wird's auch thun — und
ich, ich teile mit ihr mein Taschengeld — dann gehts!"
Die Tante, wie der Lehrer schauten verwundert
auf, doch schien erstere den Vorschlag nicht für
ganz unpraktisch zu halten. Nach einigem Sinnen
und Überlegen sagte sie: „Ich glaube wirklich, die
Alice hat uns hier einen Weg gezeigt, wie das Ziel
zu erreichen. Die Kaspers sind ein Paar respektable
alte Leute — der Mann ist unser Gärtner — und
hat sein Häuschen für sich. Kinder haben sie nicht
und ich glaube selbst, ein junges, gutes Mädchen
würde den beiden mehr angenehm, als störend sein.
Ich werde mit Kaspers heut noch reden. Senden
Sie mir die Elfriede morgen. Der Himmel, denke
ich, wird dann für das weitere sorgen."
Alice, die in banger Erwartung ob des Ent-
scheides die Tante angesehen, warf sich derselben jetzt
freudig um den Hals und rief: „Du bist und bleibst
doch die beste aller Tanten. Nicht wahr! ich gehe
doch mit zu Kaspers? Und Onkel Senator, wie der
Papa, die sollen das Geld schon herausrücken, was
die Elfriede braucht. Denke doch nur, was sie alles
haben muß. Sie hat gewiß kein gutes Kleid, keinen
Hut — und von meinen Büchern werde ich ihr auch
manche leihen müssen — oder, weißt Du, lieber
schenken! Das ist besser! Ich hab' ja so viele —
und Papa und Onkel Senator auch! Es wird herrlich

werden!" So redete und freute sich das zierliche kleine
Wesen und wurde nicht müde, sich alles in Gedanken
schön auszumalen, während Herr Valentin sich dankend
empfahl und versprach, morgen zu rechter Zeit seinen
Schützling zu senden, wenn es ihm nicht vergönnt
sein sollte, ihn selber her zu geleiten. Mit einem
überaus glücklichen Gefühl empfahl er sich und
trat auf die Straße hinaus, um den Heimweg an-
zutreten.

In diesem Augenblicke kamen von den beiden
entgegengesetzten Seiten des Weges der Herr Senator
Mewissen, oder wie die Alice ihn nannte, Onkel
Senator — und der Doktor Arnulf, der Redakteur
der angesehensten städtischen Zeitung daher. Letzterer
hatte den Lehrer bereits von weitem erkannt und
trat ihm jetzt in Hast entgegen, indem er auch zugleich
dem näher gekommenen Herrn Mewissen die Hand
zum Gruße reichte. „Wie schön, daß ich Sie treffe,
Herr Valentin, wollte ich doch eben den Fuß hinaus
zu Ihnen, nach Ihrer Vorstadt setzen. Und daß ich
auch Sie, Herr Senator, treffe, erspart mir einen
doppelten Gang, denn auch Ihnen sollte mein
Besuch gelten. Die Organistenstelle an der St.
Thomaskirche, mit der, wie Sie wissen, der Titel
als Musikdirektor verbunden ist, ist erledigt und
soll die Stelle sofort wieder besetzt werden. Sie
haben gehört, daß die Wahl auf einen unserer be=

kanntesten Musikdirektoren gefallen war, der aber, nachdem er sich zur Annahme der Stelle bereit erklärt, nun plötzlich wieder abgeschrieben hat. · Die Gemeinde, wie die Kirchenältesten und der Vorstand sind dadurch in die allergrößte Verlegenheit und Unannehmlichkeit versetzt worden. Man ist einig, die Stelle sofort zu besetzen, wenn sich ein geeigneter Bewerber um dieselbe fände. Man ist davon zurückgekommen, vorzugsweise nur auf einen berühmten Mann zu sehen und sich durch denselben bestimmen zu lassen, wie bei der jüngst geschehenen Wahl, sondern man will zuerst und besonders auf gediegene Kenntnisse und Fähigkeiten achten. Und da ich letztere beiden. bei Ihnen, lieber Valentin, als vorhanden weiß — und daß es andere nicht auch wissen, nur Ihre übergroße Bescheidenheit und Zaghaftigkeit die Schuld trägt — so habe ich mir erlaubt, den Vorstand der St. Thomaskirche auf Sie aufmerksam zu machen. Ich komme, Sie im Namen der Gemeinde aufzufordern, sich morgen durch ein kleines Orgelkonzert in der Thomaskirche der Gesamtheit vorzustellen und einzuführen. Herr Senator Mewissen, wie auch Herr Verbessen, die ich beide darum ersuche, werden gewiß dem Konzert beiwohnen und Ihre Stimmen zu gunsten Ihrer zu verwerten wissen! Ist's nicht so?“ lachte der Doktor und wendete sich fragend zu dem Senator.

Und der, der reichte dem Doktor die Hand und sagte: „Das haben sie brav und gut gemacht. Unser guter Herr Valentin versteht es nicht, sein Licht leuchten zu lassen. Er ist ein tüchtigerer und besserer Musiker, als unzählige der Herren, die mit großem Ruhm und Namen prunken, wie wir zu erfahren genugsam Gelegenheit hatten. Auch die St. Thomas= gemeinde hat bereits erfahren und erkannt, daß sie bei der letzten Wahl nicht eben gut beraten war und ist im ganzen froh, daß besagter Herr abgeschrieben hat. Unser beider Freund hier ist wie geschaffen für diese Stelle und ich denke St. Thomas kann sich gratulieren, wenn man Sie wählt. Daß dieses ge= schehe, geschieht, was in unseren Kräften möglich. Darauf verlassen Sie sich! Ich werde sofort mit Verbessen, dem Vater Ihrer Schülerin, das Nötige besprechen! Und nun Gott befohlen, lieber Valentin. Auf Wiedersehen morgen in der Kirche zu St. Thoma."

Der Lehrer ging, wie in einem Traume befangen, heim. Sein liebster, sein innigster, seit Jahren ge= hegter Wunsch sollte in Erfüllung gehen. Er hatte Aussicht Organist, Musikdirektor an einer der be= deutendsten Kirchen der Stadt zu werden. Er konnte sein Amt als Lehrer niederlegen und sich ganz der Musik widmen und derselben leben. Wie gesagt, er wandelte mit diesem Gedanken wie in einem Traum dahin. Dennoch aber vergaß er in seiner Freude und in seinem Glück der armen verlassenen Waisen, der Elfriede und des Heinrich, nicht. Er eilte zu ihnen und ordnete an und besprach mit ihnen, was zu besprechen war. Dann eilte er nach Hause. Sollte doch der morgende Tag eine Wendung in dem Leben dieser drei Menschen bringen, die das Geschick und der Zufall so plötzlich zu einander geführt und mit einander verbunden hatte.

2.

Vier und zwanzig Stunden können in dem Leben eines Menschen überaus wichtige und nachhaltige Veränderungen hervorbringen und sein Geschick in ganz andere, neue Bahnen lenken. Das sollte auch die Elfriede wie der Lehrer Valentin erfahren.

Letzterer hatte der Gemeinde von St. Thomas sich vorgestellt und durch sein herrliches, wohl durchdachtes Orgelspiel allgemein gefallen. Und da nun auch der Senator, wie Herr Verdessen mit dem Doktor ihre Stimmen für ihn abgaben und einlegten, so war seine Wahl zum Organisten genannter Kirche fast einstimmig erfolgt und seiner Uebersiedelung nach gedachter Stelle stand nichts im Wege, zumal seine bisher innegehabte Lehrerstelle sofort anderweitig besetzt werden konnte und auch, als eine besondere Vergünstigung für Herrn Valentin, sofort besetzt wurde.

Schon wenige Tage, nach getroffener Wahl, wurden die alten Räume verlassen und die neuen, schöneren und geräumigeren bezogen. Der junge Mann wußte sich in seinem neuen, unerwarteten

Glück kaum zu fassen und nur das eine betrübte und bedrückte ihn, daß er die Stunden bei seiner kleinen Schülerin, der Alice, im Hause des Herrn Verbessen aufgeben mußte, wie dies von vornherein befürchtet wurde, ohne daß dieses der Fürsprache des Vaters irgend wie einen Eintrag gethan hätte. Er wohnte zu entfernt, als daß es möglich gewesen wäre, den Unterricht wie bisher erteilen zu können. Es war dies ein Verlust, den beide Teile innig und aufrichtig bedauerten, ohne daß dadurch die freund= lichen Beziehungen gegenseitig untereinander gestört wurden. Herr Valentin besuchte ab und zu das Haus und wurde stets als gern gesehener Gast empfangen und aufgenommen. Namentlich war es für Alice ein wahrer Freudentag, wenn er einmal wieder unerwartet eintrat. Nicht allein, daß sie Be= weise ihrer Fortschritte ihm gab, sie hatte ihm auch immer besonders viel zu erzählen und mitzuteilen — vornehmlich auch von der Elfriede, wobei dann die Tante nur zu gern und mit einer gewissen Ausführ= lichkeit einstimmte. War das junge Mädchen in gewisser Hinsicht doch allen, mit denen sie in nähere Berührung getreten war, eine eigene, fast rätselhafte Erscheinung. Sie achteten, ja sie liebten sie, die Elfriede, fast alle, ohne daß dieselbe doch irgend wie einem oder dem anderen nahe getreten wäre. Sie schloß sich an niemand an; sie blieb allen in

vieler Hinsicht fern und fremd und nur Alice war
es, die sich wohl einiger Zuneigung und Fürsorge zu
erfreuen hatte. — Und wie hätte dies auch anders
sein sollen und sein können! Alice hatte förmlich
leidenschaftlich sich an das bis dahin unbekannte
junge Mädchen angeschlossen. Sie schien sich nie
genug zu thun in ihrer Fürsorge für dasselbe. Als
die Elfriede das erste Mal gekommen und sich der
Tante vorgestellt und diese das junge Mädchen doch
etwas erstaunt und verwundert angesehen, da war es
Alice, die in ihrer Freude und Beweglichkeit sofort
über die ersten drückenden Augenblicke der neuen Be=
kanntschaft hinweggeholfen hatte. Die Tante hatte ein
schüchternes, einfaches junges Mädchen erwartet, das
überaus ärmlich gekleidet sich linkisch und befangen
benehmen würde und fand nun ein fast erwachsenes
Mädchen, das zwar ärmlich, aber dennoch mit einer
gewissen Zierlichkeit und mit nicht zu verkennendem
Geschmack gekleidet, dessen Haar kunstvoll geflochten war,
und das auf alle an dasselbe gestellte Fragen bescheiden,
aber keineswegs schüchtern antwortete, während zugleich
diese Antworten von geistiger Frische und einem ge=
weckten Verstande zeugten.

Genug, die Elfriede machte in keiner Hinsicht den
Eindruck eines befangenen, halbverkommenen jungen
Mädchens, sondern man gewann sofort die Über=
zeugung, wie Herr Valentin sie gehabt und geäußert:

daß das Kind in untergeordneter, dienender Stellung nicht am Platze wäre, sondern verkümmern und verkommen würde, wenn hier nicht eine beſſere Hand handelnd und vorſorglich eingriffe.

Mit einer gewiſſen Ängſtlichkeit und Befangenheit: ob auch hier alles zum guten ausſchlagen werde und ob man auch den richtigen Weg eingeſchlagen und erwählt habe; ob namentlich Kaspers ein Verſtändnis, Liebe und Anhänglichkeit für das junge Mädchen haben würden, nahm die Tante die Elfriede bei der Hand und ging mit ihr zum Garten hinunter, während Alice in ihrer Queckſilber-Natur zur Seite ſprang. Und die Alice war es auch, wie geſagt, die über alle vorkommenden Schwierigkeiten ſofort hinweg half und hinweg ſprang. Kaum eingetreten, rief ſie auch ſchon: Kaspers! hier iſt Eure neue Tochter, die Elfriede! Jch habe ſie ſchon recht lieb! Darf ich ihr nicht ſogleich die Stube zeigen, wo ſie wohnen ſoll und die wir für ſie eingerichtet? Einen Gegenbefehl zu äußern, wäre nicht gut angegangen, wie auch einen ſolchen zu geben die Gärtnersleute, die Kaspers, nicht gewagt hätten auszuſprechen, ſchon ihrer Stellung wegen und bei der Liebe, die ſie zu der Alice hegten, denn dieſe hatte die Elfriede ſchon bei der Hand und zog ſie zur Thür hinaus, ohne auf die ermahnenden Worte der Tante zu achten: doch nicht ſo haſtig und ungeſtüm

zu sein! Draußen auf dem Flur und auf der Treppe
sagte sie: Die Kaspers haben Dich den ganzen Tag,
denn Du bist ja von nun an ihre Tochter. Zu uns
kommst Du nur auf Besuch — aber recht oft! —
Oder weißt Du! ich komme lieber recht viel hierher!
Das ist besser! Während aber die beiden so die
Treppe zur Giebelstube hinaufstiegen und Alice
nicht müde wurde ihrem Schützlinge alles Vorhandene
zu zeigen und auf dieses und jenes aufmerksam zu
machen, sagte drunten die Frau Kaspers zur Tante
der Alice ein wenig beklommen: „Es ist für ihre
Jahre ein stattlich Mädchen, aber sehr viel sich
Anschließendes scheint sie nicht zu haben!"

„Ja, ja! Es ist ein eigener Blick", entgegnete die
Tante, „mit dem das Mädchen einen ansieht. Es ist
nicht der Blick eines vierzehnjährigen Mädchens, so
tief, so eigentümlich schaut sie auf. Es ist als habe
sie bereits viel erlebt und erfahren — oder wohl
mehr über dies und jenes gedacht. Es liegt etwas
geheimnißvoll Traumhaftes in ihrem Auge, wie —
ich weiß mich nicht anders auszudrücken — aber es
ist, als schaue man in einen tief versteckten, ver-
schwiegenen, dunkeln Waldsee, auf dem die großen,
saftigen Blätter der Mummeln schwimmen, zwischen
denen hin und wieder die Wasserrosen auftauchen, um
ihren Kelch dem Mondlicht zu öffnen. Aber dennoch,
denke ich, wird sie Euch eine gute folgsame Tochter

sein und ich hoffe, wir alle werden es niemals zu
bereuen haben, sie ihrem trüben Dasein entrissen zu
haben. Das Mädchen hat bereits der Schicksals=
schläge übergenug gehabt, und es zeugt für ihre Um=
sicht und Festigkeit, daß sie dem Ganzen nicht unter=
legen, nicht bereits verkommen ist. Freilich ist sie
auch dadurch früh selbständig und vielleicht auch
charakterfest geworden, so daß wir ein wenig Nach=
sicht und Geduld werden bei ihr üben müssen. Doch
Ihr beiden Leutchen, seid ja so brav und gut, daß
alles sich zum besten gestalten wird. Und wenn
ja einmal Euch oder uns ein Skrupel angeht, ob das
Mädel so oder so zu nehmen, ob dasselbe dies oder
jenes nicht hätte so oder so machen können und
sollen, so wollen wir bedenken, daß das Kind die
Mutter früh verloren [und daß auch wir nicht immer
gewesen sein werden, wie Eltern und Verwandte uns
gern gehabt und gemodelt hätten. Jedes Menschen=
leben gleicht nun einmal einer Pflanze, die kein
Gärtner zu ziehen vermag, wie er sie gern haben
möchte. Der liebe Gott fällt mit seinem Regen und
Sonnenschein dazwischen, so daß oft Schöneres er=
wächst und gedeiht, als wir zu ahnen wagten. Und
so wollen auch wir hier ob des jungen Mädchens, der
Elfriede, uns nicht vor der Zeit kümmern und sorgen,
sondern dasselbe in Liebe und Geduld groß ziehen,
worauf der Himmel schon seinen Segen geben wird."

Und so geschah es denn auch!

Die Elfriede war und blieb ein eigen geartetes
Ding. Sie ging den Kaspers, wo sie wußte und
konnte, zur Hand; sie war der Frau in der Wirt=
schaft behilflich, stand dem alten Kaspers bei seinen
Blumen zur Seite; drückte hier und dort einen
nötigen Stab in die Erde, band einen losgerissenen
Zweig, wo es nötig, an, war mit dem Spritzfaß und
dem Wasserholen nicht lässig, wenn es galt die Lieb=
linge und Pfleglinge des alten Mannes zu begießen;
so daß beide, der alte Mann wie die Frau, nicht
Ursache hatten, die allergeringste Klage laut werden
zu lassen, vielmehr gestehen mußten, daß das Mädchen
die Umsichtigkeit und Zuverlässigkeit selbst sei, daß man
sich eigentlich kein besseres, folgsameres Kind wünschen
könne, während doch andererseits sie sich auch wieder
sagen mußten, es sei etwas in dem jungen Mädchen,
das sie nicht zu nennen und zu sagen oder mit Worten
zu bezeichnen wüßten, das aber es fühlen und vermissen
mache, daß sie nicht rücksichtslos sich zu freuen und sie
sich an das Mädchen anzuschmiegen vermöchten, wie sie
dies erhofft und erwartet. Die Elfriede war eben kein
Kind mehr, hatte des Trüben bereits zu viel erfahren,
als daß sie die harmlos kindlichen Gefühle so zu
zeigen und zu äußern vermocht hätte, wie dies andere
junge Mädchen in dem Alter — namentlich der
Mutter gegenüber — nur zu gern thun. Die Elfriede

hatte bereits zu sehr selbständig geschafft und ge=
arbeitet, als daß sie es noch vermocht hätte, sich so
ganz selbstlos in die Ideen anderer hineinzuleben;
zumal hier, wo die alte Kaspers, die niemals selbst
Kinder gehabt, wohl oft zu wenig das Wesen eines
jungen Mädchens zu erkennen und zu schätzen wußte.
Die beiden gingen also mehr nebeneinander als mit=
einander durchs Leben. Und wer weiß, ob nicht
dennoch, trotz des guten Willens beiderseits, es
über kurz oder lang zum Bruch gekommen wäre,
wenn nicht Alice gewesen wäre, die immer und
immer wieder die kleinen aufgestiegenen Mißhellig=
keiten in kindlicher Unbefangenheit und Beweglichkeit
ausgeglichen und ausgelöscht hätte. Sie war gleich=
sam die Brücke, die von dem Herzen der einen zu dem
der anderen lief. Da hieß es denn: Kaspers, weißt
Du, Du mußt doch recht froh sein, daß Du die
Elfriede hast. Du kannst jetzt alle Tage ein halbes
Stündchen länger schlafen als früher und wenn
Du die Nachtmütze aus den Augen rückst, steht der
Kaffee schon auf dem Tisch. Und wenn die Alte
dann schmunzelnd und doch den Kopf wiegend sagte:
Ja! ja! Alicechen! Es wäre schon gut, wenn nur die
Elfriede auch so ein freundliches Sonnengesichtchen,
wie Du, mein Liebling, hättest, wurde die Kleine
ordentlich böse und sagte unwirsch: Ich weiß nicht,
was Du sagst! Lachst Du denn? Und ist Dein

Gesicht nicht auch wie Regenwetter oft. Papperlapp!
Die Elfriede will mit mir oft auch nicht spielen, wenn
ich es doch gern möchte. Sie meint, sie müsse arbeiten,
sie habe in der Schule nicht genug gelernt, nicht genug
lernen können wegen der Krankheit und des Todes
der Mutter — und da müsse sie das Versäumte nach-
holen. Alle meine Bücher hat sie schon durchgelesen! —
Und nun denke Dir nur. Nun will sie selber Bücher
machen lernen. Ha! ha! ha! Sie will Buchsetzer —
ach nein! — es heißt: Schriftsetzer, werden! Ist
das nicht pudelnärrisch? Onkel Senator aber und
der Doktor Arnulf, der die Zeitung macht, sagen:
Das sei recht von der Elfriede! Dadurch könne sie
sich dereinst ihr Brot verdienen! Hu! ich möchte nicht
den ganzen Tag so in einem Zimmer sitzen und schreiben
oder arbeiten. Und das will und soll die Elfriede nun!
Da siehst Du doch ein, Kaspers, daß sie nicht lachen
kann. Das mußt Du nicht verlangen! Sie muß ja
abends und morgens grausam müde sein. Aber weißt
Du! der Elfriede werde ich es doch sagen, daß sie
Dir ein freundlich Gesicht machen soll! Das muß sie.
Du bist ja ihre Mutter. Ich werde es ihr gleich
sagen, sie kommt so eben den Gang daher. Und husch!
war das zierliche Elfending fort und redete altklug
auf die Elfriede ein, bis auch über deren Gesicht Sonnenschein fuhr und ein fröhliches Lächeln sich um ihre
Lippen lagerte.

Es war wie die Alice es gesagt. Die Elfriede
hatte den festen, ernsten Entschluß gefaßt, Schrift=
setzerin zu werden und durch ihre kleine Freundin,
die Alice, diesen ihren Wunsch so zur Geltung zu
bringen gewußt, daß Doktor Arnulf, durch die näher
Beteiligten veranlaßt und angeregt, die nötigen
Schritte that und das junge Mädchen in die
Setzerinschule der Stadt auf= und angenommen wurde.
Die Alice freilich fand diesen Entschluß ihrer jugend=
lichen Freundin überaus pudelnärrisch, wie auch
Kaspers durch diese Anordnung ihre Hoffnung, daß
die Elfriede ihnen im Hause und im Garten zur
Stütze dienen werde, vereitelt sahen. Der Senator
wie der Doktor dagegen fanden die Sache ganz in
der Ordnung und das junge Mädchen hatte durch
diesen ihren Entschluß, sich so bald als möglich eine
eigene Selbständigkeit zu erringen, in ihren Augen
sehr an Achtung gewonnen, obwohl auch sie die ge=
heime Triebfeder, die in der Brust der Elfriede thätig
und entscheidend gewesen, weder ahnten noch für
möglich hielten. Wie konnten sie denn denken und
meinen, daß die Elfriede die ganze Setzerei nur für
ein Mittel erachtete, ihre Kenntnisse zu erweitern. Es
hatte ihrer Brust sich ein Wissensdrang bemächtigt, der
alles andere in ihr in den Hintergrund drängte;
während sie doch wieder diesen Drang auf jede irgend
mögliche Weise zu verheimlichen strebte. Als Setzerin

mußte sie die Schriften und Manuskripte berühmter
Männer in die Hand bekommen; sich in dieselben ein=
zulesen konnte nicht auffallen, wie auch das ganze
Geschäft ein umfangreicheres Wissen bedingte, so daß
ihre angestrengte Thätigkeit nach dieser Richtung hin
nicht auffallen konnte. Und da der Verdienst, der ihr
als Setzerin wurde, ihr unbeschränktes Eigentum
blieb, wie dies der Vater der Alice von vornherein
bestimmt hatte, so war ihr auch dadurch ein Mittel
an die Hand gegeben, sich dies und jenes Buch im
geheimen anzuschaffen, um so ihre Kenntnisse zu
erweitern. Still und bescheiden, aber in gewisser
Hinsicht auch wieder einsam, von niemand so recht
verstanden, ging sie durch die Menge. In ihrem
Geschäft war sie die Pünktlichkeit und Musterhaftigkeit
selbst; und da sie auch mit Umsicht, Geschick und Aus=
dauer demselben oblag, so konnte es nicht fehlen, daß
sie sich bald zu einer geschickten, lobenswerten
Setzerin ausgebildet hatte, an der namentlich Doktor
Arnulf seine Freude hatte, da sie nicht allein seine
eigenen Manuskripte sehr bald fast fehlerfrei zu setzen
vermochte, sondern hin und wieder auch kleine Flüchtig=
keiten seiner Mitarbeiter zu beseitigen wußte. Es
konnte daher nicht fehlen, daß er mehr und mehr sich
für das junge Mädchen zu interessieren anfing und
demselben nach Möglichkeit förderlich war. Selbst
die alten Kaspers begannen mit dem Entschluß der

Elfriede sich nach und nach auszusöhnen und zu befreunden. War es doch, als ob das Mädchen, seitdem es ein festes Ziel vor Augen hatte und verfolgte, an Freudigkeit des Herzens gewonnen habe, als ob dasselbe, trotz aller Mehrarbeit, mehr Zeit und Willen fände sich im Hause nützlich zu machen und den alten Leuten zur Hand zu gehen. Mochte sie auch noch so früh nach ihrem Geschäft ·gehen, vorher hatte sie dennoch Zeit gefunden den gemeinschaftlichen Kaffee zu besorgen, ihr Stübchen aufzuräumen und in Ordnung zu bringen; wie auch den alten Leutchen es recht bequem zu machen, wie sie es, wie sie wußte, gern hatten. Waren die Dienststunden zu Ende, war des Tages Last und Hitze getragen — sie fand am Abend noch Zeit und Muße sich im Hause oder im Garten nützlich zu machen. Daß nach diesem ihr Lämpchen freilich in der Nacht desto länger brannte, sie nur zu eifrig über den Büchern saß, wußte niemand -- und durfte und sollte auch niemand wissen. Der Tante der Alice kam sie selten nahe, wie sie denn das Haus des Herrn Verdessen fast niemals betrat. Sie war eben ein eigenartiges Ding, die in ihrem Ernst und ihrer sichtbaren Scheu sich andern zu nähern, einen gewissen angeborenen Stolz versteckt trug — der sie von Kreisen fern hielt, in die sie, ihrer Meinung nach, nicht gehörte. Ja, sie würde bei dieser ihrer Charakteranlage über kurz oder lang

gänzlich vereinsamt dagestanden haben, wenn nicht,
wie wir wissen, die Alice gewesen wäre. Sie war es,
die immer und immer wieder den Ernst von dem
Gesicht der Elfriede zu scheuchen wußte, so daß sie zuletzt mit aufjauchzen und lachen mußte, als wäre auch
sie ein glückliches, frohes Mädchen, wie es ja die Alice
im vollsten, ungetrübtesten Sinne war. Und andrerseits war es die Alice doch auch wieder, die nur zu
sehr auf den Ernst und die wissenschaftliche Strebsam-
keit der Freundin einging, ja die unbemerkt, unbewußt,
durch eigenen inneren Wissensdrang getrieben, sie auf
neue Bahnen hinwies und zu neuen Studien Veran-
lassung gab. Kam sie zur Abendzeit, oder wenn sie
sonst die Elfriede daheim wußte, daher geflogen —
denn in ihrer Leichtlebigkeit und mit ihrer zierlichen
Sylphidengestalt war von einem gesetzten ruhigen Gehen
nicht die Rede — so kam sie selten, ohne eine kleine
Näscherei, Obst, Kuchen oder dergleichen, wie es der
Eß- oder Kaffeetisch des väterlichen Hauses gebracht,
mitzubringen und glückstrahlend aufzutischen — aber der
Hauptgrund des Kommens war doch zumeist, und fast
regelmäßig, um ein mitgebrachtes, neues Buch zusammen
zu lesen oder über neues Gehörte und Gesehene und
nicht klar Verstandene zu reden und zu sprechen.
Denn trotz aller scheinbaren Flatterhaftigkeit und
Flüchtigkeit, teilte die Alice nur zu sehr den Wissensdrang, der die Elfriede beseelte. Es konnte unter

solchen Umständen daher auch nicht fehlen, daß das
Herzensbündnis, die Freundschaft dieser beiden jungen
Mädchen ein tieferes und dauerndes waren, als dies
sonst in ähnlichen Verhältnissen der Fall zu sein pflegt.
Von Seiten des Vaters und der Tante der Alice
wurde diesem Freundschaftsbündnis keine Schranke
gesetzt, da man den guten Einfluß, den die Elfriede
auf die Kleine ausübte, nur zu wohl erkannte. Und
überdies gewannen alle, die die junge Schriftsetzerin
näher kennen zu lernen Gelegenheit hatten, dieselbe von
Tag zu Tag lieber, wenn auch namentlich die Kaspers
sich noch immer nicht ganz mit dem Ernst und dem
anhaltenden Studieren des jungen Mädchens befreunden
konnten. Freilich wenn der Bruder der Elfriede, der
Heinrich, des Sonntags zum Besuch aus dem Waisenhause kam — o, dann konnte selbst sie scherzen und
lachen und sich mit dem Bruder in dem Garten
herumjagen — die Alice natürlich allen vorauf —
aber es fehlte selbst auch in diesen Stunden des
glücklichen Beisammenseins der Geschwister die mütter-
liche Fürsorge der älteren Schwester für den jüngern
Bruder nicht, wie die Elfriede dieselbe schon daheim
im väterlichen Hause nach dem Tode der Mutter
geübt hatte. Auch bedurfte der Heinrich vielleicht jetzt
mehr denn je einer mütterlichen, liebevollen Behand-
lung. Der Knabe hatte jetzt bessere Kleidung und
bessere leibliche Pflege als früher im Vaterhause,

3 *

aber er war ein etwas schüchterner, scheuer und überdies körperlich schwächlicher Knabe, so daß er nur zu häufig zur Zielscheibe des Spottes und des Neckens der anderen, oft überaus rohen Waisenkinder dienen mußte. Hätte er bei dem Lehrer oder dem Vorstande sich beschweren wollen, würde ihm dies keine Abhülfe sondern vielmehr den geheimen Haß und das gelegent= liche Rachegelüste der übrigen eingetragen haben; und so duldete er still und weinte höchstens, wenn er kam, bei der Schwester sich aus, bis deren Lieb= kosungen die Thränen trockneten und kindliche Hoffnung und Leichtlebigkeit seinen alten jugendlichen Frohsinn wieder hervorrief und er in heiterem Spiel und fröhlichem Geplauder allen Kummer und Schmerz der verflossenen Woche — denn nur des Sonntags durfte er nach der Ordnung des Waisenhauses die Schwester besuchen — vergaß und Freude und Glück des Augen= blicks in vollen Zügen genoß. Selbst für die Alice waren diese Stunden ein nur zu schöner Genuß! Nicht allein, daß sie sich mit Heinrich durch die Wege des Gartens und durch den Hof jagen und kindlich necken konnte — o nein! es war für sie auch ein ganz besonderes Vergnügen, zu sehen, wie dem Knaben die Leckerbissen schmeckten, die sie ihm aufgehoben und mitgebracht. Die Tante mußte an diesen Tagen ein Extrastück vom Braten oder der Speise für den Heinrich abseits stellen, welche nachmittags demselben mitzunehmen sie sich niemals nehmen ließ. Sie kam sich bei diesem Gange ordentlich groß und alt vor und wußte nur zu zierlich in dem Stübchen der Elfriede den Tisch zu decken und die heitere, vorsorgliche Wirtin zu machen. Denn daß auch die Elfriede wie sie selbst an dem Mahl teilnahmen, versteht sich von selbst. Gab doch die Tante zumeist nur zu reichliche Portionen und der mitzunehmende Kuchen nebst Kaffee waren nicht zu klein gemessen, denn abgesehen davon, daß es in dem Hause auf diese Abgaben nicht ankam, freute nicht allein die Tante, sondern auch der Onkel Senator sich der Mildthätig- und Herzensgüte der Alice, als daß er diesem Drange nicht in jeder Hinsicht hätte Vorschub leisten sollen. Überdies hatten alle, wie gesagt, die Elfriede ob ihres Fleißes und ihrer Sittsamkeit lieb gewonnen, als daß nicht jedes nach Möglichkeit zu ihrem Wohlbehagen hätte beitragen sollen.

Und so gingen den beiden die Tage in ungestörter Ruhe, mit geringer Abwechselung dahin. Elfriede lag ihrem Geschäft ob, eifrig bemüht sich in demselben mehr und mehr zu vervollkommnen. War aber hier, wie man zu sagen pflegt, des Tages Last und Hitze getragen, kam sie heim, dann bedurfte es nur einer kurzen Ruhe und Erholung, um sie wieder frisch und anderweitig geschäftig zu machen. Wie tief in die Nacht hinein sie noch saß und arbeitete, um

ihre Kenntnisse und geistigen Anlagen zu erweitern
und zu befestigen, wußte wie gesagt niemand. Das
war ihr Geheimniß, was sie tief verschwiegen in der
Brust trug und welches sie selbst ihrer kleinen Freundin,
der Alice, nicht anvertraute. Sie war, wie schon er=
wähnt, nun einmal eine eigenartige, festverschlossene
Natur, die durch ihre frühzeitigen Lebensschicksale und
Lebenserfahrungen zu einer Selbständigkeit und
Charakterfestigkeit erstarkt war, die weit über ihre
Jahre hinausging und sie in jeder Hinsicht älter er=
scheinen ließ, als sie wirklich war. Aus diesem Grunde
kam es auch, daß sie selbst die innige Anhänglichkeit
der jugendliche Alice, derselben ungeahnt, zu ihrem
Besten und zu ihrer Fortbildung und Erweiterung
ihrer Lebenserfahrungen benutzen konnte. Sie kam
selten und dann nur in das Vorderhaus, um der
Tante eine kleine weibliche Arbeit, die sie für dieselbe
angefertigt, zu überbringen — oder wenn sie sonst
wußte, daß niemand Fremdes anwesend war. Sie
hatte nach dieser Seite hin etwas überaus Scheues
und Zurückhaltendes. Oder war es vielleicht ein ihr
tief innewohnender Stolz, der sie abhielt sich in eine
Gesellschaft zu begeben, in der sie ihrer Stellung nach
nicht gehörte. Dennoch aber war sie mit allem, was
im Hause geschah und vorging, vertraut. Alice, die
trotz ihrer Jugendlichkeit und Beweglichkeit nur zu
genau beobachtete, wußte der Freundin am Abend

ober anderen Tages das Erlebte, Gesehene oder Er=
fahrene überaus charakteristisch zu schildern und zu
erzählen. Und da sie auch das Talent besaß, ein=
zelne Personen in ihren Mienen und Bewegungen
treu darzustellen, so konnte es nicht fehlen, daß
die Elfriede von dem Treiben und Leben Höhergestellter
eine Ansicht und Erfahrung gewann, wie sie sich die=
selbe nicht hätte besser erwerben können, wenn sie sich
ungehindert, gleichberechtigt in diesen Kreisen bewegt
hätte. Fremde und Einheimische kamen und gingen.
Durchreisende Künstler und Gelehrte versäumten nicht
in dem Hause vorzusprechen. Herr Verdessen liebte
es nun einmal, den Mäcen zu spielen und als ein
Beschützer und Förderer von Kunst und Wissenschaft
zu gelten. Es gab also oft viel und mancherlei zu be=
richten und mitzuteilen. Freilich wenn der gute Herr
Musikdirektor Valentin, der in seiner neuen Stellung
sich so überaus glücklich und zufrieden fühlte, vorsprach,
was nur immer selten und flüchtig geschehen konnte,
dann war dies wie ein Festtag für die beiden jungen
Mädchen. Nicht allein, daß Alice mit einem gewissen
Stolze ihm zeigen konnte, ob und wie sie in der
Musik vorgeschritten, sondern sie wurde auch seine
innigste und treueste Begleiterin zur Elfriede, die zu
besuchen er niemals verfehlte. Das mußte doch ein
Festtag sein! Verdankten die beiden Mädchen und
namentlich die Elfriede dem Manne doch so viel, als

daß sie nicht mit der größten Freude ihm hätten sollen
entgegen kommen. Was gab es dann nicht zu er=
zählen und zu berichten und nach diesem und
jenem zu fragen. Und als derselbe nun eines Tages
kam und mittheilte, daß in den nächsten Tagen ein
Knabe, der durch sein Klavierspielen bereits Aufsehen
zu machen beginne, im Hause sich würde hören lassen,
um auf diese Weise die Aufmerksamkeit auf sich zu
lenken, damit sein Konzert, welches er zu geben ge=
denke, ein recht besuchtes würde, da klatschte Alice
vor Freude in die Hände und suchte die Elfriede
zu überreden auch zu kommen, um sich den Wunder=
knaben anzusehen und sein Spiel zu hören. Ja, sie
wurde ordentlich unmutig, als ihr diese Bitte abge=
schlagen wurde und Elfriede erklärte, an diesem Tage
wieder zum Grabe des Vaters gehen zu müssen, um
den Hügel aufs neue mit Blumen zu schmücken —
ein Verlangen und eine Arbeit, zu denen die Kaspers
ihr nur zu gern behilflich waren. Sie freuten sich
der Pietät und Anhänglichkeit des jungen Mädchens
an den verstorbenen Vater.

3.

Der Tag, von dem Herr Valentin gesprochen, war herangekommen. Alice wurde nicht müde den Knaben, der ein weniges älter als sie sein mochte, bleich aussehend, hoch aufgeschossen war und in jeder Bewegung etwas Eckiges, Unbeholfenes, fern von allem rein Kindlichen sich zeigend, zu größerer Lebendigkeit aufzustacheln. Sie waren im Garten. „Ich weiß nicht, wie Du bist!" sagte sie, amorettenartig in ihrem kurzen, leichten Röckchen vor ihm hintanzend, „Du bist gar kein echter Junge! Mein Onkel, der Senator Mewissen, meint, jetzt könne und müsse ich noch jedem frei und offen in das Gesicht sehen, wenn ich größer sei, schicke es sich das Auge niederzuschlagen. Dummes Zeug! Und der Papa meint auch, der Onkel mache, wie immer, Scherz! Warum soll ich nicht auch später allen frei ins Gesicht sehen? Ich will und werde kein Unrecht thun und da kann und werde ich jeden frei ansehen!"

„Aber nun komm und sage mir einmal" — und dabei nahm sie den Knaben bei der Hand und führte

ihn zum Teich), in dem die Goldfische schwammen,
denen sie Semmelbrötchen hinwarf — „haft Du Dich
denn heut gar nicht geängstigt, als Du vorhin im
Saale Klavier spielen mußtest?"

Der Knabe blickte bei dieser Frage zum erstenmal
offener auf, aber es lag in seinem Blick, indem er
sprach, nicht kindliche Freude, sondern schon mehr Stolz
und Überlegenheit. „Ich, sagte er, gebe ja nächstens
ein großes Konzert. Und wenn ich mich dann nicht
ängstigen darf, werde ich es doch hier nicht thun, wo
eine so kleine Privatgesellschaft ist. Ich habe ja auch
nur hier gespielt und bin ja auch nur deshalb herge=
kommen, daß man mich höre und von mir spreche,
damit mein Konzert recht besucht werde!"

Alice, das junge Mädchen, schaute verwundert auf.
Sie wußte sich das Ganze noch nicht verständnisreich
zurechtzulegen und sagte endlich: „Ist es schwer,
solch Spielen?"

„Gewiß," sagte der Knabe, und es flog dabei
wie Wehmut und Schmerz durch sein bleiches Gesicht.
„Ich muß vor= und nachmittags viele Stunden am
Klavier üben und würde es dennoch nicht können,
wenn ich nicht, wie die Leute sagen, ein Genie, ein
Wunderkind wäre. Ich war noch nicht fünf Jahre —
da spielte ich schon — —

„Zeck und Fanchon?" fiel die Kleine ein und
schaute altklug auf, während der Knabe wie beleidigt

rief: „Was Du sprichst! So wie Du habe ich nie spielen dürfen. Ich saß am Instrument."

„Dann willst Du wohl Instrumentenmacher werden?"

„Dummes Zeug! Ich werde Künstler! Bin es schon!"

„Künstler?" echote Alice und wiegte dabei das blonde Lockenköpfchen verwundert, bis sie endlich, wie die Gedanken abwehrend, sagte: „Der alte Onkel Senator, der immer neckt, meint: Ich würde gewiß einmal Sängerin oder Tänzerin werden. Die können auch etwas, sind auch Künstler, aber wenn ich wie Du immer üben soll und nicht im Garten fröhlich umherspringen darf, dann bleibe ich lieber was ich bin. Aber sage mir doch einmal," rief sie plötzlich, wie aus ernstem Sinnen erwachend, während sie zugleich mit ihrem Begleiter weiter gegangen war und nun fragend stehen blieb: „Wie alt bist Du denn eigentlich, lieber Cecil?"

Der Knabe schreckte bei dieser doch so natürlichen Frage sichtbar zusammen und sagte endlich, sich scheu, ängstlich, verstohlen umsehend: „Ich bin zehn, zehn Jahre!" bis er nach einigem Zögern hinzu= setzte: „Ich bin, Du mußt es aber niemand sagen, schon zwölf Jahr gewesen. Aber auf dem Konzert= zettel steht und der Vater sagt es auch immer, wie ich es sagen muß: ich sei zehn! Das ist besser! Und die Leute bewundern auch mehr mein Spiel, wenn es heißt, ich sei so jung."

„So!" sprach Alice und senkte dabei höchst ernst ihr Köpfchen. Plötzlich jedoch warf sie die blonden Locken energisch zurück aus der Stirn, wohin sie ge= fallen, stemmte den einen Arm in die Seite und sagte, höchst altklug und bestimmt aufschauend: „Weißt Du! Dein ganzes Spiel und die ganze Künstlergeschichte gefällt mir nicht! Mein Papa sagt: man müsse immer die Wahrheit sagen. Du bist zwölf und nicht zehn Jahre! Das ist eine Lüge. Und der Papa sagt: wer auf einer Lüge baut, deß Haus fällt ein. Aber was gehts mich an! Ich möchte einen solchen Papa, wie der Deine ist, nicht haben. Ein Junge muß Pferd spielen und Ball schlagen. Du aber kannst gar nichts!"

Cecil sagte nichts, nur ein Seufzer, so ein recht tiefer Seufzer stahl sich aus seiner Brust und eine Thräne lief langsam, wie vereinsamt von der Wange. Sie war wohl seiner verlorenen, nie genossenen Jugend geweint.

Drinnen im Salon jedoch war die Gesellschaft noch zahlreicher denn vorhin geworden.

Das Haus Verbessen war ein überaus gastfreies. Und wenn auch die Frau, Alicens Mutter, schon seit Jahren im Grabe ruhete, so machte doch die Tante, des Herrn Schwester, welche Wittwe war und selbst

keine Kinder hatte, seitdem sie dem Bruder die
Wirtschaft führte und Mutterstelle bei der Alice ver=
sah, eine so liebenswürdige, freundliche Wirtin, daß
Bekannte und Freunde des Verdessenschen Hauses
nur zu gern kamen, um einen Abend angenehm dort
zu verplaudern und hinzubringen. Und so war die
Gesellschaft denn auch jetzt überaus zahlreich und
belebt, zumal es bekannt geworden, daß der junge
Cecil Marquard, der nächstens öffentlich in einem
Konzert auftreten werde, das Wunderkind, wie er
gemeinhin genannt wurde, anwesend sei, um sich in
dem Privatzirkel als Gast hören zu lassen. — Natür=
lich wurde der junge Künstler denn auch von allen
Seiten und namentlich von der Damenwelt ganz
besonders verhätschelt und bewundert. Man fand sein
Spiel, nachdem er sich noch einmal mit einer Chopin=
schen Mazurka hatte hören lassen, überaus reizend,
himmlisch! Und wie das Lob in einzelnen solchen
Lobsprüchen sich Luft machte und äußerte, während
der junge Künstler, der nicht mehr Kind war und
Jüngling nicht sein durfte, dies alles, wie als sich
von selbst verstehend, annahm. Es lag auf seinem
Gesicht mehr Abspannung als Erregtheit und Herzens=
freude. Nur wenn er zum Vater aufsah, der mit
mehreren Herren, unter denen sich auch der Wirt des
Hauses befand, in einem eifrigen Gespräch begriffen
war, wobei er den Sohn jedoch nicht aus den Augen

verlor, war es, als ob er sich zusammennahm und straffer, ernster aufrichtete. Der Vater, ein früherer Goldschmied, der aber sein Geschäft niedergelegt, seitdem er mit dem Sohn sich auf dessen Kunstreisen begeben, sagte zu einem der Herren gewendet, der ihn nach dem Studiengange seines Sohnes gefragt: „Studien! Ich bitte Sie, was helfen alle Studien, wenn nicht Genie vorhanden! Er war kaum vier Jahr gewesen, der Cecil, saß er bereits am Instrument. Professor Rungenhagen von der Singakademie hörte ihn und sein Geschick, seine Laufbahn war entschieden! Ich schaffte einen Bechstein'schen Flügel an, die besten Lehrer wurden gehalten und ich, ich sorgte dafür, daß es an der tagtäglichen Übung nicht fehle, wie ich auch jetzt darauf halte — dafür bin ich Vater. Der Cecil ist zehn Jahr, ich habe mein Geschäft aufgegeben — es war so bereits ein wenig zurückgegangen durch die vielen Übungsstunden, die ich dem Cecil zu widmen hatte — jetzt müssen die aufgewendeten Kosten durch die angetretene Kunstreise wieder eingebracht werden. Zweimaliges öffentliches Auftreten hier, denke ich, wird genügen. Sie hatten alle, meine Herren, Gelegenheit, das immense Spiel meines Sohnes hier zu bewundern. Sie werden gestehen, daß ein Talent derart noch niemals dagewesen und so denke ich, wird auch gewiß niemand von Ihnen dem Auftreten meines Sohnes, dem Konzert fern bleiben; wie auch gewiß jeder von

Ihnen mit Sorge tragen wird, daß die Einnahme eine bedeutende werde. Auch das Genie will leben und bedarf des Brotes, wie alle übrigen Erdensöhne."

Und dabei lachte der Mann, als habe er einen guten Scherz gemacht, während doch seine Geldgier und seine Ungebildetheit in jedem Worte zu Tage trat.

Der alte Senator Mewissen, ein durch und durch gediegener Charakter, der mit in dem Kreise der zuhörenden Herren gestanden, wendete sich mit eben nicht freundlichem Gesicht ab und sagte, sich nach einem Nebengemache begebend, zu einem ihn begleitenden Freunde: „Welch eine ordinäre Geldseele! Und der will von Genie und Kunst sprechen! Der Magen hat niemals Lust zum Arbeiten gehabt und nun soll das bißchen Talent des Jungen ihm den Tisch decken! Es ist eine Seiltänzerei und Kunstreiterei! Man sollte solche Kinderquälerei von Staats wegen verbieten."

„Aber mein Gott, lieber Mewissen", rief der Freund, ich glaube, Sie gehen hier zu weit. Der Knabe scheint mir doch entschiedenes Talent zu besitzen — —"

Doch der Senator wollte diesen Einwurf nicht gelten lassen, unwirsch sagte er: „Ja, es ist ein talentvoller, begabter Knabe, der bei richtiger Leitung ein ganz brauchbarer Klavierspieler, vielleicht auch ein guter Lehrer geworden wäre; jetzt aber bei dieser Dressur und dieser Frühreife, die nichts ist und doch etwas sein soll, vor der Zeit absterben und verkümmern wird. Es ist mit

dem Knaben wie mit den Kirschen, die man in Treib=
häusern zieht. Man hat sie bereits zu Weihnachten
auf dem Tisch; aber trotz ihres schönen Aussehens
fehlt ihnen das Aromatische der natürlich in der
Sonne gezogenen und gereiften. Es will alles seine
Zeit haben: kein Meister fällt vom Himmel.. „Kunst
ist das höchste Können!" und niemand muß fleißiger
und thätiger sein, als eben der Künstler. Sein Wissen,
sein Können muß ein allumfassendes, vielseitiges sein.
Einseitigkeit ist Mehlthau für alle Geistesblüten!
Der Knabe ist ein einseitiger Klavierspieler, dem, bei
seiner Jugend und seiner beschränkten Bildung das
Verständnis abgeht für das Geistige, Geniale, das in
den Werken liegt, die er vorträgt!"

„Aber", entgegnete der Freund, „es giebt Aus=
nahmen, lieber Senator! — Mozart —"

„War noch jünger als er auftrat, wollen Sie
sagen!" fiel der alte Herr noch immer erregt ein und
ließ sich auf einen der eleganten Korbsessel nieder, die
in dem Gewächshause, in welches er getreten, in ein=
zelnen, von Schlingpflanzen und tropischen Gewächsen
umwucherten und gebildeten Grotten und lauschigen
Plätzen standen; indem er mit einer Handbewegung
den Freund einlud, an seiner Seite Platz zu nehmen.
Während sie nun hier ziemlich versteckt und abge=
sondert saßen, sagte der alte Herr, seine frühere Rede
ergänzend: „Einen Mozart sendet uns der Himmel in

Hunderten von Jahren zum Glück nur einmal. Ich
sage „zum Glück"! denn sagen Sie selbst, lieber Freund,
was hat der arme Teufel denn auch Großes von
seinem Leben gehabt? Er hat sich bis an das Ende
seiner Tage mit Sorgen und dem Neide und den
Kabalen seiner Mitgenossen herumgequält. — Jetzt
freilich — —"

Doch er kam nicht weiter in seiner Rede, denn
der Anblick, der ihm und dem Freunde in diesem
Augenblicke wurde, machte beide verstummen.

Alice, das zierlich kleine, stets leicht graziös
sich bewegende Dämchen, kam daher getrippelt, den
jungen Musikus, den Cecil, an der Hand führend.
Während das Mädchen sich mit Sicherheit und ge-
winnendem Anstande bewegte, hatte der Knabe etwas
Schleppendes, Unsicheres in seinem Gange. Die Arme
schienen ihm zu lang gewachsen — und trotzdem der
Körper ein überaus schmächtiger war, schien er dennoch
überall zu groß — und man hatte das Gefühl, als
werde und müsse er an jeder Ecke anstoßen oder
diesen und jenen Blumentopf herabwerfen. Auch
Alice mochte dies ahnen und fühlen — wie ja denn
Kinder, und namentlich erregt begabte, immer etwas
Prophetisches, Ahnendes haben — und ließ daher
ihr Auge fast unausgesetzt auf dem ihres Begleiters
ruhen, während sie zugleich sich bemühte, ihn wohl-
behalten durch die gewundenen Gänge des Treibhauses

zu führen. Endlich blieb sie, in der Nähe der beiden Herren, die sie nicht bemerkte, stehen — und den Knaben loslassend, sagte sie: „So, nun sei einmal ein ordentlicher Junge! Erst mache ich Dich satt, denn ich bin ja die Hausfrau! und nachher zeige ich Dir meine Puppenstube und meine anderen Spielsachen! So! nun sperre mir einmal den Mund auf und sage mir, wie alt bist Du. Also ein Jahr!" rief die Kleine und steckte dem Knaben ein Stückchen von ihren Kon= fituren in den Mund. Und als der Knabe, mehr als nötig, den Mund aufs neue öffnete, schob sie ihm eine Mandel hinein und sagte: „Also zwei Jahr! Weiter!" Es erfolgte nach neuer Öffnung ein neues Naschwerk, worauf es nach angefangener Art fort= ging, bis zehn der Stückchen verzehrt waren. Da zögerte der Knabe mit neuer Öffnung des Mundes. Doch die Kleine drohte mit dem Finger, hielt eine köstlich geformte Erdbeere ihm vor die Augen und sagte: „Wie alt bist Du? Sage die Wahrheit! Und als der Knabe zögernd und doch verlangend nach der Süßigkeit den Blick wendend, den Mund öffnete, schob sie ihm die Frucht hinein, indem sie rief: „Elf! Nicht älter? Sprich die Wahrheit, Cecil! Hier bist Du ein Junge und kein Künstler! Was übrigens ein recht dummer Ausdruck für Dich ist. Künstler! Brr! Sieh' Dir einmal dies schöne Täfelchen Schokolade an. Es geht gerade in deinen großen Mund hinein! Also

elf Jahre bist Du! Nicht älter? Und dabei hielt die
Kleine ihm die Schokolade, sie hin und herdrehend, vor den
Mund, bis er denselben plötzlich öffnete, und sie ihm
denselben mit der Süßigkeit stopfend rief: „Zwölf!
Siehst Du, die Wahrheit wird immer belohnt!" Und
dabei drehte sie sich mit köstlichem Pas auf ihrer
Fußspitze herum, als hätte sie auf dem Theater ein
Pas de deux mit jemand zu tanzen, ergriff ihren
Begleiter bei der Hand und rief ihn mit sich ziehend:
„Nun komm! Satt bist Du! Jetzt zeige ich Dir
alles!"

Und fort huschte sie, leichtfüßig flink, als habe
sie nicht nötig den Boden nur mit den Fußspitzen zu
berühren.

Der alte Mewissen schaute der Kleinen mit über=
aus zärtlichem Blicke nach, während der Freund
lachend sagte: „Das war köstlich! Was meinen Sie
zu der Scene? Die Alice —

„Gott lasse es ihr gut gehen!" fiel der Senator
überaus ernst, feierlich ein. „Möchte das Leben dem
Kinde nicht zu ernst mitspielen. Wahrheit! Wahrheit!
Sie sehen, wie dieselbe sich schon in den Herzen der
Kinder gestaltet. Werden Sie nun meinen Befürch=
tungen in Bezug auf den Knaben zustimmen. Ist
nicht sein Leben bereits von vornherein Lug und
Trug? Nicht zehn, sondern zwölf Jahre ist der
Junge."

4*

„Aber im Herzen immer noch ein Kind von
weniger als zehn Jahren“, lachte der Freund! „Dieses
Erlebnis vergeß ich nicht! Lassen wir dem jungen
Menschen immerhin die Freude, für zehn Jahre alt zu
gelten. Was liegt daran —“

„Für ihn nichts, vielleicht aber für den Alten,
den Vater,“ brummte der Senator. „Er möchte, wie
die Chinesen ihren Kindern die Füße, so den Sohn
ganz und gar einzwängen, damit er für ihn immer
zehnjährig bliebe. Doch kommen Sie, Freund! Ich
geh’ nach Hause. Mich ekelt solch Treiben an.“ Und
damit eilte der alte Herr, ohne sich länger aufzuhalten
davon.

Balb darauf fand das bereits mehrfach angekündigte
Konzert des jungen Virtuosen Cecil Marquard statt,
wobei die Zettel mehr als nötig das zehnjährige
Alter des Künstlers hervorhoben. Der Saal war ge=
drängt voll und das anwesende Publikum nur zu
geneigt die Leistungen des Konzertgebers anzuerkennen.
Man überschüttete ihn mit Lob und besonders die
Damen bemühten sich dem jungen Manne Schmeichel=
haftes und Verbindliches zu sagen. Dieser jedoch schien
nur zu geneigt, dies alles als etwas Selbstverständ=
liches zu betrachten. Sein Lächeln war gezwungen und
seine Verbeugungen hatten etwas Steifes. Man sah
es, die innere Herzenswärme und Befriedigung fehlten;
sein Auge streifte nur zu oft und zu sehr das Antlitz

des Vaters, als daß man nicht hätte fühlen müssen,
daß nur von dort her ihm Ruhe und Frieden kommen
müsse. Und gewiß, der frühere Goldschmied, wenn er
auch noch so eifrig sich mit diesem oder jenem zu
unterhalten schien, das Auge unterließ dennoch nicht
den Sohn überall hin zu verfolgen und zu beobachten.
Und der, der wußte, daß er, ob eines Fehlers, den er
im Spiel gemacht, morgen noch ein paar Stunden
werde länger üben müssen, als bisher. Das bedachte
der Knabe und dabei verflog jede Freude, die er hätte
haben können, und das Auge wurde trüb und das
Herz dachte an Vögel, Blumen und Sonnenschein,
was andere Kinder haben und für ihn nicht vorhanden
sein sollte.

Wie viel glücklicher war Alice doch. Wie
leuchtend gingen deren Augen im Saal umher. Es
wurde ihr und war ihr bereits ungemein schwer ge=
worden, so lange auf einem Fleck still zu sitzen, aber
da sie nun einmal gern mitgewollt und der Vater und
die Tante es auch für passend erachtet hatten, daß sie
in dem Konzert ihres Freundes und Spielkameraden,
des Cecil, nicht fehle, so mußte sie schon auf ihrem
Platze aushalten und konnte nur die Augen leuchtend
im Saal umherschweifen lassen. Und das that sie
ohn' Unterlaß. Nicht allein, daß sie dem Onkel, dem
Senator — ein Titel, auf den der alte Herr sehr viel
hielt — freundlich zugenickt, sie hatte auch hierhin und

dorthin mit ihrem Händchen gewinkt, aber dem Cecil
hatte sie mit Hand und Auge keinen Gruß gesendet.
Der gefiel ihr überhaupt gar nicht. Schon, daß er
so steif dastand und auf alle die Anreden, die ihm zu
teil wurden, nur stumme Verbeugungen und selten ein
Wort der Erwiederung hatte, wollte ihr nicht in den
Sinn! Als er jedoch auch da nur mit kalten, großen
Augen zur Menge niederschaute und für dieselbe nur eine
höchst unzeremoniöse Verbeugung hatte auf allen lauten
Beifall, der ihm gespendet wurde, wendete sie sich unmutig zur Tante und sagte: „Weißt Du, der Cecil
ist gar kein richtiger Junge! Ich denke mir, er ist so
ein verzauberter Gnom, so ein Erdmännchen, wie in
meinem Märchenbuche stehen, die so klein wie ein
Knabe sind und doch dabei so alt, so alt wie Onkel
Mewissen, nein! nein! noch zehnmal älter. Würde
mir so geklatscht, ich weiß nicht, ich glaube ich jubelte
laut auf, machte den schönsten Knicks oder, oder lief
davon, um für mich allein zu lachen oder zu weinen!"

„Aber warum weinen?" fragte verwundert die
Tante und schaute ihrem Liebling in das blaue Auge.

„Ja, ja! siehst Du," sagte die Kleine und legte
den Finger verlegen an den Mund, „das weiß ich so
eigentlich selbst nicht! Aber ich denke mir, wenn einem
das Herz so voll, so recht, recht voll ist, mag es nun
Freude oder Schmerz sein, möchte ich weinen, wenn
auch nicht sehr, doch so ein bißchen! Und so denke

ich auch), der Cecil freut sich gar nicht. Er weiß über=
haupt gar nicht, was Freude ist!"

So plauderte die Kleine. Und Onkel Mewissen,
der Senator, der leise herangetreten war und die
Worte des jungen Mädchens vernommen hatte, wiegte
gar ernst und doch innerlich überaus glücklich das
Haupt und sagte zu dem Vater: „Das Kind hat in
seiner Unschuld das Richtige getroffen. Der junge
Marquard kennt keine Freude mehr. Er nimmt bereits
allen ihm gespendeten Beifall als einen ihm zukommen=
den Tribut. Der Vater hat auch hier durch seine
unzeitige Strenge und Geldgier die Lebensader bereits
unterbunden. Wer sich nicht freuen kann, kennt Glück
und Scherz auch nicht!"

Und so schien es in der That mit dem jungen
Künstler zu sein.

Der Vater war mit dem Erfolg des Konzertes
ja ganz zufrieden, der Saal war mehr als gefüllt.
Aber während er die Einnahme überzählte und das
Ganze in Gedanken überschlug: wie hoch der Gewinn
so eigentlich sei, plante er bereits alles Nötige
zu dem neuen, zweiten Konzert, wo der Sohn seine
ganze Bravour und Fertigkeit erst, wie er sagte, zeigen
sollte. Bei Herrn Verdessen sprach er im Laufe der
Woche noch mehr als einmal vor. Nicht allein schien
der Sohn sich in dem Hause besonders wohl zu fühlen,
sondern auch vermeinte er von dem angesehenen Kauf=

mann nur Nuten zu ziehen, wenn er sich dort mehr=
mals sehen ließ. Und wenn auch das zweite Konzert
nicht besuchter, als das erste war, so konnte er dennoch
mit dem Auftreten und dem Erfolge des Sohnes in
der Stadt zufrieden sein. Außerdem hatte Herr
Verbessen ihm ein paar Empfehlungsbriefe an be=
freundete Firmen in Kopenhagen, wohin er ja von
hier aus zu gehen gedachte, versprochen, und so
unterließ er nicht, vor seinem Abgange aus der Stadt
noch einmal im Hause des Vaters der Alice mit
seinem Sohne vorzusprechen. Nicht so wohl um sich
zu empfehlen, wie auch um die erwähnten Briefe in
Empfang zu nehmen, sondern vielmehr um auch das
Talent seines Sohnes noch von einer anderen Seite zu
zeigen. Er sollte sich nicht allein als fertiger Spieler
zeigen, sondern sich auch als Komponist darthun. —

Das Ganze wurde mit ziemlich großem Geräusch
in Scene gesetzt. Bei Ankunft der Marquards, Vater
und Sohn, war nicht allein der Senator, sondern
noch einige andere Herren und Damen bereits an=
wesend. Unter ersteren befand sich auch Doktor Arnulf,
der Redakteur der städtischen Zeitung. Und diesen
kaum erkennend und begrüßend, sprach Herr Marquard
sofort: „Wie schön, daß wir sie treffen! Wir reisen
morgen, kommen Abschied zu nehmen! Aber mein
Cecil, der sich hier im Hause so wohlgefühlt, möchte
sich erkenntlich zeigen, möchte ein Andenken an sich

hier zurücklassen. Bitte, Sie sind Dichter, werfen Sie ein paar Verse aufs Papier. Mein Cecil komponirt dieselben sofort, widmet es seiner kleinen Freundin Alice und —"

„Prächtig! prächtig!" riefen einige Damen, die zufällig nahe standen und das Ganze mit angehört. Da lernen wir zwei Größen zugleich mit einem Male kennen, Herrn Doktor Arnulf als Improvisator und den jungen Mann als selbständigen Komponisten. Bitte, bitte! Herr Arnulf, rasch einige Verse! O, so ein kleines Lied zu machen, kann doch nicht schwer sein!"

„Meinen Sie?" lächelte der Angeredete, nicht ohne einen Anflug von Ironie; während er ernster hinzusetzte: „Ein wahrhaft dichterisch schönes Lied entsteht nur in weihevoller Stunde. Das kann niemand machen; es ist ein Himmelsstrahl aus lichter Himmelshöh'. Verse schmiedet ein jeder jetzt und selbst auf Schulen giebt man Anleitung dazu, um dieselben zu fabricieren, wie der Schuhmacher seine Schuhe und Stiefeln. Es ist eine Profanierung der Kunst, die nirgends geduldet werden sollte."

„O," lachte die eine der jungen Damen, „ver- derben Sie uns nicht die Freude! Und hübsch bleibt es immer, seinen kleinen Vers, sein kleines Lied machen zu können und wäre es auch nur für ein

Geburtstagsfest oder einen Polterabend, wo ein Gedicht
doch nicht fehlen darf."

„Sie haben recht!" lachte der Doktor, „dafür
lasse ich die Hauspoesie gelten, wenn sie nur nicht die
Sucht hat, sich gedruckt zu sehen. Aber sehen Sie,
unsere kleine Alice, sie ist die beste von uns allen,
sie vergißt in ihrer Freude ihrer Schützlinge, der
Vögel nicht. Nein, welch liebreizendes Bild! Das
kann und darf nicht unbesungen bleiben!" Und
während die Kleine, von der Gesellschaft still bewundert,
unbekümmert ihren Lieblingen von ihrem Kuchen die
Krümchen hinstreute, recitierte der Doktor die nach=
folgenden Verse:

Ich habe den Vögeln
Ihr Futter gestreut —
Wir singen mitsammen,
Wie morgen — so heut.

Auf Vögel und Blumen
Steht einzig mein Sinn —
Das macht wohl, daß allzeit
So fröhlich ich bin!

„Ach, das ist reizend!" rief die vorhin erwähnte
junge Dame. „Bitte, sagen Sie es noch einmal,
Herr Doktor, ich schreibe es auf und der Herr Cecil
setzt es uns sofort in Musik. Dann haben wir doch
alle, wenn wir es singen, ein Andenken an ihn!"

Mit diesen Worten hatte sie ihr elegantes Brief=

täschchen in die Hand genommen und schrieb die von
dem Redakteur gesprochenen Verse flüchtig auf, welche
sie dann sofort dem jungen Musiker zur weiteren
Verfügung hinreichte. Der hatte jedoch mit mehr als
ängstlicher Scheu dem Ganzen zugeschaut; von freu=
diger Erregtheit nahm man nichts bei ihm wahr.
Sein Gesicht war bleich, abgespannt aussehend, und
hob er den Blick, so flog derselbe, wie in Angst, zum
Vater hin, der trotz seiner Lebendigkeit, mit der er sich
unterhielt, doch den Sohn nicht aus dem Auge ver=
loren hatte und jetzt, wo das Blatt demselben über=
reicht wurde, auch sofort an seiner Seite war. Er
drängte den Sohn zum Nebenzimmer, wo das In=
strument stand und ein unbeschriebenes Notenblatt,
nebst Tinte und Feder bereits auf dem Pulte lag.

Die Gesellschaft war momentan still geworden
und hatte dem jungen Künstler voll Spannung und
Teilnahme nachgeschaut. Man fand das ganze Ge=
bahren des Vaters nicht eben nachsichtig liebevoll und
war daher nur zu geneigt, Nachsicht zu üben, wenn
der Erfolg auch den Erwartungen nicht entsprechen,
die Komposition sich als nicht bedeutend herausstellen
sollte.

Doch zu diesem allen kam es nicht.¹ Herr
Marquard, der Vater, kam nach kurzem Aufenthalt
im Nebenzimmer zur Gesellschaft zurück und sagte,
nachdem er die Thür hinter sich in das Schloß gelegt,

mit überaus wichtiger Miene: „Wir wollen dem
Genius Ruhe und Stille gönnen. Es wird nur
wenige Augenblicke währen und mein Sohn tritt
wieder ein. Ich will mich daher den Herrschaften
schon jetzt empfehlen, die Zeit drängt, in einer Stunde
müssen wir an Bord des Dampfers sein. Wir gehen
direct nach Kopenhagen! Bei unserer Wiederkehr,
wir gedenken Schweden und Norwegen zu bereisen,
hoffen wir —"

Er kam nicht weiter in seiner Rede, zumal er
sich ziemlich zeremoniell, steif, von jedem einzelnen zu
empfehlen strebte, denn die Thür des Nebenzimmers
öffnete sich wieder und der junge Komponist trat, sein
Notenblatt in der Hand, einen ängstlichen Blick zuerst
auf den Vater werfend, ein. Der junge Mensch
wußte wohl nicht recht, wie er sich zu benehmen und
wem er seine Komposition einzuhändigen habe, zumal
die Damen ihm, fröhlich lachend, entgegen liefen und
jede von ihnen das Blatt zu empfangen strebte.
Cecil schien unter diesen Umständen überaus froh zu
sein, als er Alice, so eben eintretend, bemerkte, sie war
für einige Zeit im Garten bei ihren Blumen gewesen,
und rasch hervortretend hielt er ihr, hoch errötend
ob seiner Dreistigkeit, das Lied hin, indes er sagte:
„Hier! hier! Zum Andenken!"

Und die Kleine, als verstände sie ganz, um was
es sich handle und als sei sie vollkommen durch=

drungen von der Wichtigkeit des Augenblicks, nahm
mit höchst zierlichem Anstande das Dargereichte,
machte ihre graziöseste Verbeugung, wie sie die
vollendetste Weltdame nicht besser zu machen ge=
wußt hätte und sagte, ihr Händchen dem jungen
Künstler wie zu einem gnädigen Handkuß hinreichend:
„Ich danke Dir, Cecil! Du wirst an mir immer
eine Freundin haben! Kehre gesund, als großer
Künstler zurück!"

Die Umstehenden, die dem Ganzen zugesehen und
zugehört, fanden die Alice reizend und hätten am
liebsten dieselbe küssend in die Arme genommen; aber die
Kleine stand so ernst, so von ihrer Würde und ihrem
Ansehen überzeugt, daß jeder fürchtete, sie durch ein
neckendes Wort zu verletzen und zu erzürnen und so
atmeten alle ordentlich auf und wußten es dem
Herrn Marquard, dem Vater, fast Dank, daß er
ziemlich ungestüm und rasch zum Abschiede drängte. Der
Sohn verbeugte sich unbeholfen scheu und folgte dem
voranschreitenden Vater. Nur einen Blick voll Weh=
muth und Schmerz warf er noch auf Alicen, dann
schloß sich die Thür und dieser Akt eines jungen
Künstlerlebens war zu Ende.

Doktor Arnulf hatte den Abgehenden mit einem
trüben, ernsten Blicke nachgeschaut und sich jetzt zu
dem neben ihm stehenden Senator wendend, sagte er:
„Man möchte sich selbst verachten, daß man solchem

Treiben nicht mit allen Kräften und Mitteln entgegen=
arbeitet. Der Knabe dauert mich. Er hätte bei rich=
tiger, guter Leitung mit der Zeit ein tüchtiger, guter
Klavierspieler werden können; jetzt — "

„Wurde er zum Wunderkinde gestempelt, um dem
Vater ein Faulenzerleben zu gestatten," fiel sein Zu=
hörer unmutig ein. Und als er in diesem Augen=
blicke die Hand der Alice in der seinen fühlte, wendete
er sich zu dem Kinde, legte seine Hand auf ihren
Scheitel und sagte, wie segnend, voll Schmerz und
Wehmut: „Behüte Dich der Himmel, Kind, vor jeder
Künstlerlaufbahn, so Dich der Herr nicht dazu be=
gnadigt hat. Solch Leben, solch Ringen ohne wahr=
haft innern Drang, ist ein Leben, wie es Schmerz=
licheres nicht geben kann! Gott schütze Dich!"

Das junge Mädchen verstand den Sinn der Worte
wohl nicht ganz, aber sie fühlte und ahnte, daß es
ein Segenswunsch war und so schmiegte es sich fest,
innig an den Onkel an und folgte nur mit innerem
Widerstreben, als man kam, um das Notenblatt aus
ihrer Hand zu nehmen, als man ging, um das Werk
des jungen Komponisten zu prüfen. Sie hätte am
liebsten das Blatt ganz zurück, ganz für sich behalten;
war es ihr doch, als thue sie unrecht, daß ihr über=
gebene in andere Hände zu legen, es war als fühle
sie, daß ihrem jungen Freunde kein neues Ruhmes=
blatt an seinem Lorbeerkranze eingereiht werden

würde. Und gewiß, sie hatte recht gedacht und geraten. Die Komposition war gänzlich verfehlt und
nicht geraten. Es war nichts aus dem Herzen Ge-
schaffenes; die Melodie paßte in keiner Hinsicht zum
Text und trug außerdem nur der Anklänge zu viel
aus Bekanntem und bereits oftmals Gehörten.

Hatte man den jungen Mann bisher als leidlich
guten Klavierspieler gelten lassen, so fand man, daß
er als Komponist gänzlich ohne Anlage und Origi-
nalität war.

Alice, die mit zum Instrument getreten, hätte
weinen mögen; so gedemütigt fühlte sie sich im Namen
und im Geiste ihres Freundes. Als man sie jedoch
fragte, wie die Melodie ihr gefiele, war es ihr, als
habe sie die Partie des Abwesenden zu nehmen und
so sagte sie, die blonden Locken rückwärts schüttelnd:
„Der arme Cecil hat ja keine Freude, was weiß der
von Blumen und Vögeln. In der Schule müssen wir
auch singen: Ich weiß nicht was soll es bedeuten, daß
ich so traurig bin! während wir alle von einer
Traurigkeit nichts wissen, uns auch gar nicht denken
können, warum wir denn weinen sollen! Der Cecil
sollte nur im Garten umherspringen können, wie ich,
dann würde er ganz anders gesungen haben.“

Und wie, als ginge es nicht anders, als müsse
sie es thun, hob sie, eine altbekannte Volksmelodie
dem Texte gemäß umwandelnd, zu singen an,

daß alle aufhorchten und jeder Scherz und Spott
verstummte.

Doch Alice that, als sähe und bemerke sie nichts.
Sie schritt singend zum Saale hinaus und fröhlich
schmetternd hörte man es noch vom Garten herauf:

Das macht wohl; daß allzeit
So fröhlich ich bin!

4.

Nach der Abreise des jungen Künstlers ging es im Verbessen'schen Hause nach altgewohnter Ordnung fort. Der Herr des Hauses liebte es von Zeit zu Zeit Künstler und Gelehrte um sich zu sehen, er gerierte sich gern als Kunstmäcen und war seit Jahren schon bemüht eine Gemäldegalerie anzulegen und durch Werke der bedeutendsten Meister der Neuzeit zu erweitern. Es fehlte also selten an Besuchen; Maler, fremde, durchreisende wie einheimische, kamen und gingen, Musiker, Schriftsteller, Schauspieler und Schauspielerinnen fehlten nicht.

Alice hatte auf diese Weise Gelegenheit, viele bedeutende Männer und Frauen kennen zu lernen und da alle Kommenden und Gehenden sich nur zu gern für einige Augenblicke mit dem jungen Mädchen be= schäftigten, so würde sie gewiß eitel und selbstbewußt geworden sein, wenn nicht die Tante und der Onkel Senator sich bemüht hätten, wo sie konnten, ein Gegengewicht auszuüben. War erstere stets bemüht das echt Weibliche in dem jungen Gemüt

zu wahren und groß zu ziehen, es vor Gefallsucht
und Eitelkeit nach Möglichkeit zu schützen, so hielt
letzterer ganz besonders auf ein ernstes, festes Wissen,
auf das feste Streben, sich gediegene Kenntnisse zu
erwerben. Und da der Vater im großen Ganzen sich
die Erziehung der Tochter weniger angelegen sein ließ,
als man dies hätte erwarten sollen, so war das Kind
mehr auf die Genannten angewiesen und hing auch
dem Äußeren nach mehr an denselben, als an dem
eigenen Vater, während es für sie zumeist wie ein
Festtag war, wenn derselbe sie aufsuchte und sich für
längere Zeit mit ihr beschäftigte. Es geschah dies
freilich nicht gar zu oft. Herr Verbessen war zu sehr
mit seinen kaufmännischen Angelegenheiten beschäftigt,
als daß die stilleren Freuden der Häuslichkeit ihm
hätten genügen können. Es war etwas Unruhiges,
Unstetes in seinem Leben, das ihn zu einem ruhigen
Genießen des Gebotenen nicht kommen ließ. Er hatte
sich bereits seit längerer Zeit schon in großartige,
gewagte Spekulationen eingelassen. Es war, als ob er
mit Gewalt reich werden wollte. Das Sammeln von
Gemälden und Kunstgegenständen war bereits bei ihm
zur Leidenschaft geworden. Er hatte keinen Sohn, für
den er hätte schaffen, arbeiten und sammeln können
und der die Firma nach seinem Tode hätte fortge=
führt. Und so ging sein Sinnen und Trachten, wie
gesagt, nur darauf, immer neue Kunstschätze aufzu=

häufen und seinen Namen überall als Kunstmäcen
genannt zu hören. Die eigene Tochter war ihm
dadurch mehr und mehr fremd geworden und das
Kind würde vereinsamt dagestanden haben, trotz aller
Fülle des Reichtums, der sie umgab, wenn nicht die
Tante, im besten Sinne des Worts, bestrebt gewesen wäre,
die verstorbene Mutter nach jeder Richtung hin nach
Möglichkeit zu ersetzen; wenn der Onkel Senator sie
nicht, wie sein eigen Kind, bewacht und zu allem
Guten zu fördern gesucht hätte. Bei diesem allen war
es daher eigentümlich und merkwürdig, daß das junge
Mädchen, die Alice, doch mit einer Liebe an dem
Vater hing, die etwas wahrhaft Rührendes hatte.
Es gab für sie kein größeres Glück, als an seiner
Seite zu stehen, ihm ihre kleinen Leiden und Freuden
mitteilen zu dürfen, ihm zeigen zu können, wie sie
in ihrem Wissen und Können vorgeschritten. Ein Lob
aus seinem Munde war für sie die größte Aner=
kennung, die ihr nur zu teil werden konnte; ein
frohes Aufleuchten seines Auges bei ihrem Plaudern,
ihren kindlichen Mitteilungen, machte sie fröhlich für
lange Zeit. Es war als ob sie ahne, welch ein tiefer,
geheimer Kummer in der Brust des Vaters verborgen
lag, welch ein Unbefriedigtsein in seinem Innern wohne.

Der Senator kam und ging überaus ernst und
gemessen. Er hatte sich, seit Jahren schon, von allen
Geschäften zurückgezogen. Sein Vermögen lag, dem

größten Teile nach), mit in der Verdessen'schen
Handlung, aus welchem Grunde es auch geschah,
daß der Senator hin und wieder ein Wort von ver=
fehlten Spekulationen und unnötigen Ausgaben für
nicht nötige Kunstgegenstände fallen ließ, was
natürlich gemeinhin übel vermerkt wurde und eine
tagelange gegenseitige Mißstimmung hervorbrachte.
Ja, es dauerte nicht lange, nachdem diese unliebsamen
Erörterungen sich mehrfach wiederholt hatten, ohne
daß eine Änderung von irgend einer Seite erfolgte,
daß beide Teile sich mehr und mehr von einander
trennten, und jeder für sich den andern nach Gefallen
gewähren ließ.

Während aber der Vater der Alice seinem Hange:
immer neue Kunstschätze zu erwerben und es darin
allen übrigen vorzuthun, den Zügel schießen ließ,
wurde der Senator ernster und ernster. Er zog sich,
wie man so zu sagen pflegt, mehr und mehr in sich
selbst zurück und nur wenn er kam und sein Auge auf
die stets heitere Nichte fiel, war es oftmals, als ob
Wehmut ihn umschatte, während er, die Hand wie
segnend auf ihr Haupt legend, sagte: „Gott erhalte
Dir deinen frohen, heitern Sinn. Er lasse Dein
Herz von heftiger Leidenschaft nicht getrübt werden.
Denn jede Leidenschaft, mag sie anfangs noch so un=
schuldig, unscheinbar erscheinen, führt auf Abwege, so=
bald sie eben zur Leidenschaft wird.

Und wenn Alice ihn, ob dieser Worte, verwundert ansah, zumal sie deren tieferen Sinn noch nicht zu fassen vermochte, ihn umarmte und kindlich lachend sagte: „Aber Onkel Senator, wie sprichst Du nur! Soll ich denn nicht tanzen, soll ich nicht singen? während ich doch beides so gern thue. Das kann doch kein Unrecht sein! Der liebe Gott hat mir ja doch Füße zum Tanzen und eine Kehle zum Singen gegeben." Da war es, als ob eine tiefe Wehmut über das Gesicht des alten Mannes zöge und ein Schmerz, der lang geruht, zu Tage treten wolle; er zog das Kind in seine Arme und sagte, mit seiner knochigen Hand leise über Gesicht und Scheitel des jungen Mädchens streichend: „Meine liebe Alice, erhalte Gott Dir Deinen frohen, kindlichen Sinn noch recht lange und wenn ja trübe, ernste Tage auch Dir dereinst kommen, dann laß sie gleich den Wolken sein, die den blauen, reinen Himmel für kurze Zeit verdunkeln bis ein Windeshauch, oder wir wollen sagen Gotteshauch, sie wieder von hinnen scheucht."

Doch es war, als ob diese ernste, trübe Stimmung des Senators, die bereits das Gesicht Alicens zu überschatten begann, mit Gewalt von hinnen gescheucht werden solle, als ob dieselbe schon im Keime erstickt werden müsse. Der Vater trat in mehr als gewöhnlicher Hast ein und sagte in sichtbarem Stolz: „Prinz

Leopold wird unſer Haus morgen zehn Uhr mit gnädigem
Beſuch beehren."

„Prinz Leopold?" rief der Senator und ſein
Geſicht ſchien nicht von beſonderem Freudenglanze
durchglüht zu ſein; doch ehe er noch ein Wort weiter
hinzuzuſetzen vermochte, entgegnete Verbeſſen: „Wundert
Dich dies? Ich dächte, es wäre der gewöhnliche Lauf
der Zeit und hätte dieſe hohe Ehre dem Verbeſſen
ſchon früher zu teil werden können. Meine Bilder-
galerie enthält Kunſtwerke, die jedem ſtädtiſchen und
fürſtlichen Muſeum zur Zierde gereichen würden.
Und Prinz Leopold iſt ein anerkannter, gewiegter
Kunſtkenner. Was alſo natürlicher, als daß auch er
Verlangen trägt, zu ſehen, was bereits von ſo vielen
bewundert wurde. Dennoch weiß ich die hohe Ehre
und Gnade, die in dieſem Beſuche auch für mich liegt,
zu würdigen und denke, daß auch Du, Senator, nicht
fehlen wirſt, mit mir den Prinzen zu empfangen, wie
ich denke, daß mein Haus auch des äußeren, würdigen
Schmuckes nicht entbehren wird. Kaspers ſoll, was
er an Blumen und Blattpflanzen beſitzt, aufſtellen,
was Du ihm ſagen magſt, Alice; wie er denn für
Dich das ſchönſte Roſenboukett, was er aufzu-
treiben vermag, für Dich herzuſtellen hat. Du wirſt
dasſelbe dem Prinzen bei ſeinem Eintreten mit
einigen wenigen paſſenden Worten überreichen."

Alice ſchaute bei dieſen Worten leuchtenden

Blickes den Vater an und sagte, silberhell auflachend: „Ich! passende Worte! Als wenn Du und Onkel Senator mir nicht schon unzähligemal gesagt hättest: daß ich meist unpassendes Zeug schwatze! Das also wird etwas Schönes werden! Aber weißt Du", und mit diesen Worten wandte sie sich zu dem Onkel, „was ich sage, ist doch wohl nur Nebensache, die Rosen müssen's machen, und die schönsten giebt mir Kaspers! Und dann werde ich Hoheit einen Knicks, nein, nicht einen Knicks, denn der ist nicht mehr modern, sondern eine Verbeugung machen, wie sie nicht schöner bei Hofe gemacht werden kann. Als echte Salon=dame oder Prinzeß. So heißt es ja wohl? Onkel Senator! Und nicht wahr, jetzt bin ich ja wohl noch in dem Alter, wo ich die Augen nicht niederzuschlagen brauche, wo ich offen aufblicken und mir den Prinzen ansehen darf. Und ansehen werd ich ihn mir, ich muß doch wissen, wie solch ein Prinz aussieht, denn Ihr, Du und der Vater, dürft ja nicht aufblicken! Die Tante! Ha, ha, ha! die — nein! ich will nur gleich zu Kaspers laufen und vor allen Dingen zur Elfriede, die fürchtet sich nicht und wird wissen, was ich sagen kann! Die weiß alles!" Und husch, war sie zur Thür hinaus, während der Senator ihr ver=wundert nachschaute, wie, als wisse er nicht recht, ob er sich über das Wesen des jungen Mädchens ärgern oder sich freuen sollte. Es war etwas in Alicens

Art und Weise, was ihm nicht zusagte und doch
wußte er dies Etwas nicht genauer anzugeben, denn
diese freie, ungezwungene und doch überaus kindliche
Weise des jungen Mädchens war wiederum so herz=
gewinnend, daß jeder aufsteigende Unmut sofort ver=
scheucht und verweht wurde. Und überdies wäre zu
irgend einer bedenklichen Bemerkung auch nicht Zeit
und der passende Ort gewesen, denn der Vater der
Alice schien von dem ihm bevorstehenden Ereignis wie
berauscht und schien an dasselbe die weitgehendsten
Hoffnungen und Erwartungen zu knüpfen. Der
Senator jedoch, als Verbessen nicht zurückhielt, diese
seine Gedanken laut werden zu lassen, schüttelte das
Haupt und sagte endlich, mehr als ernst: „Du weißt,
wie ich von Anfang an über diese deine Sucht, als
Kunstmäcen zu gelten und über deine Wut zu
sammeln, gedacht habe. Mir will es scheinen, als
gingest Du dabei über Deine Stellung und Dein
Vermögen hinaus. Die Zeiten sind schlecht und der
Kaufmann hat Ursache, mehr als je die Augen offen
zu halten. Du hast bereits mehrfach Dich in unsolide
Spekulationen eingelassen, nicht sowohl, wie andere
es gethan, um über Nacht reich zu werden, sondern
um Deinem Hange, neue Bilder anschaffen zu können,
zu frönen. Möchtest Du dabei nicht vergessen, daß
der Kaufmann zuerst und immerdar Kaufmann sein
muß, ehe er anderm nachgehen kann.‟

Verdessen warf die Lippen nur zu sehr auf und sagte unmutig: „Lassen wir das! Ich kenne ja Deine Ansicht und Meinung in dieser Sache genugsam! Sollte aber wirklich eine Deiner Befürchtungen ein= treten, nun so denke ich, wird eben der morgige Besuch mich —"

„Doch nicht etwa retten?" fiel der Senator sarkastisch lachend ein. „Lieber Freund, nur wer sich selbst hilft, hat Hilfe. Und in der Zeit der Not sind die Freunde selten, wie die Sonnentage im rauhen Winter."

Während die Männer drinnen dies besprachen und der Senator mehr als sorgenvoll in die Zukunft schaute, eilte Alice hinaus zum Garten, um den Kaspers das merkwürdige Ereignis mitzuteilen und ihnen den Befehl des Vaters zugehen zu lassen. Auf dem Wege dorthin begegnete sie der Elfriede, die von ihrer Arbeit bereits zurückkehrte, und der sie natürlich in fliegender Hast alles erzählte; wobei sie im Abgehen schon begriffen sich noch einmal umwandte und altklug sagte: „Nachher, wenn ich bei Kaspers gewesen bin, die dort am Ende des Gartens arbeiten, komme ich zu Dir. Ich soll den Prinzen anreden und weiß doch nicht, was ich sagen soll, Doktor Arnulf wird auch nicht kommen, damit mir der einen Vers machen könnte, da mußt Du helfen. Du druckst ja

Bücher und da mußt Du auch wie ein Buch reden
können. Ich komme!"

Damit flog sie davon und sah und bemerkte also
auch nicht, wie die Elfriede ihr groß und voll nach=
sah, während sich um ihren Mund ein Zug der Ent=
schlossenheit und Festigkeit bildete, es in ihrem Auge
aufleuchtete, gleich einem Sonnenblick, der durch trübe
Wolken bricht.

Als nach einiger Zeit Alice zurückkehrte, fand
sie die Elfriede droben auf ihrem Zimmer, sinnend
den Kopf auf die Hand gestützt, den Blick auf ein
Papier gerichtet, auf dem einige Zeilen geschrieben
standen. Ob sie dieselben jetzt oder früher geschrieben,
ob es überhaupt fremde oder eigene Gedanken waren,
die dort niedergelegt waren, kam nicht zu Tage, wie
auch nicht zu weiterer Erörterung. Alice tanzte nur,
nachdem sie die Freundin stürmisch umarmt und
nachdem sie die Worte gehört und vernommen, im
Zimmer umher und sagte: „Weißt Du Elfriede, Du
solltest Professor werden oder wie Doktor Arnulf eine
Zeitung schreiben, einen schöneren und besseren Vers
hätte der Doktor mir auch nicht gemacht."

Und als die Elfriede, tief errötend, sagte: „Wie
Du sprichst! Ich fand die Worte unter alten
Papieren, in einem Buch und entsann mich derselben
in diesem Augenblicke. Ich wünsche also auch nicht,

und bitte Dich entschieden darum, es niemand zu sagen —"

„Daß Du mein Schulmeister gewesen!" lachte Alice. „Papperlapapp! Denkst Du, daß jemand darnach frägt. Es ist genug, wenn ich es weiß, daß Du ein Ausbund von Klugheit bist. Aber nun ade! Morgen kommt der Prinz! Hurra! Ob die Tante wohl noch einen Kopf hat!" Mit diesen Worten war sie, husch, zur Thür hinaus.

5.

Und der ereignisreiche Tag, die wichtige Stunde war herangekommen. Das Verbessen'sche Haus schien ein Blumengarten geworden zu sein. Das Vorhaus, Flur und Treppe prangte in schönstem Flor; überall waren die kostbarsten Teppiche gelegt, die schönsten Guirlanden zogen sich von Wand zu Wand, während die herrlichsten Topfgewächse die Nischen füllten und die Räume mit dem Duft der ringsum gestreuten Blüten durchzogen waren.

Das Schönste und Kostbarste jedoch von allem war Alice, die junge, liebliche Mädchenblume, deren Wangen in spannender Erwartung, sanft angehaucht, sie schöner und voller erscheinen ließen, als dies sonst der Fall war. Es war, als sei dieselbe in dieser Stunde um mehrere Jahre älter geworden und ihrer Zeit vorauf geeilt. Durchgeistigt von lieblicher, unnachahmlicher Kindlichkeit, stand sie doch auch wieder in so jungfräulichem Ernste und bezaubernder schöner Sicherheit da, daß man es nur natürlich finden konnte, wenn der Prinz, sichtbar erstaunt und auf das angenehmste überrascht, den Worten des jungen

Mädchens lauschte, die dasselbe mit vollendetem An=
stande und volltönender Stimme sprach), während es
zugleich mit Grazie das Rosenbouket darreichte,
worauf die Worte des kleinen Liedes Bezug genommen
und den Eintritt des Prinzen beglückwünscht hatten,
Segen verheißend, Segen bringend.

Der Handelsherr, der Vater Alicens, hatte den
Prinzen vorm Haus bei seiner Ankunft empfangen,
während der Senator ihm am Fuß der Treppe ent=
gegentrat, auf deren oberster Stufe sich Alice zu
seinem Empfange aufgestellt hatte, nicht fern von der
Tante, die in höchstem Galaputze prangte. Es war
ein feierlicher Augenblick und Herr Verdessen schien
die höchste Staffel seines Ehrgeizes und seiner Ruhm=
begier erreicht zu haben. Der allgeliebte Prinz des
Herrscherhauses, der anerkannte Beschützer und Förderer
alles dessen, was Kunst und Wissenschaft betraf, betrat
aus eigenem Antriebe sein Haus, um die Gemälde=
sammlung seinem Kennerauge zu unterwerfen. Wurden
alle Anstrengungen, alle Kosten, die man auf das
Zustandekommen der Kunstschätze verwendet, nicht
durch diesen einen Augenblick aufgewogen? Drückte
das Erscheinen des Prinzen nicht gleichsam der Ge=
mäldegalerie den Stempel der Vollendung, der Meister=
schaft auf? Würde der Prinz gekommen sein, wenn
er nicht bereits durch gewiegte Stimmen erfahren, daß
es lohne, sein Kennerauge auf die Schätze der Kunst

zu werfen, die der glückliche Besitzer derselben, durch
jahrelange Mühen, nicht Reisen, nicht Kosten scheuend,
zusammengereiht? Und fast schien es auch, als ob
Prinz Leopold überaus befriedigt und sichtbar erfreut
sei. Er ging mehr als erregt durch die weiten, ge=
schmückten Säle, wußte bei passender Gelegenheit, als
gründlicher Kenner, überall Worte der Anerkennung
und des Beifalls laut werden zu lassen, war überdies
huldvoll und leutselig, während doch zu gleicher Zeit
eine sichtbare Unruhe und Hast ihn beseelte und sein
Auge noch immer einen Gegenstand zu suchen und zu
vermissen schien.

Als die Säle jedoch durchwandert waren und
man in den reichgeschmückten Gartensalon trat, wo ein
Dejeuner für den Prinzen bereitet stand und der Prinz
hier Alicen an der Seite der Tante vorfand, war es,
als ob nun sein suchendes Auge Befriedigung ge=
funden habe und die Unruhe des Innern zum Still=
stande gekommen sei. In sichtbarer Hast trat er auf
das junge Mädchen zu und sagte, zugleich sich zu dem
Vater wendend: „Sie haben in Ihrem Hause der
Schätze viele und mannigfache, um welche ein Fürst
Sie beneiden könnte, der größte und kostbarste Schatz
Ihres Herzens und Hauses dünkt mich Ihre Tochter
zu sein! Sie ist zur Künstlerin geboren und scheint
es, weit über ihre Jahre hinaus, bereits zu sein.“
Und sich nun erst ganz und voll zu Alicen wendend,

sagte er: „Sie haben mich wahrhaft überrascht und erfreut. Ich danke! Die mir gespendeten Rosen werde ich mir zur Erinnerung an diese Stunde aufheben."

Der Senator, der die Worte des Prinzen mit sichtbarem Unwillen und Erstaunen vernommen, vermochte sich nicht länger zu halten. Und während Verdessen selbst in reichbefriedigter Eitelkeit und väterlichem Stolz seinen Dank stammelte, rief Mewissen: „Aber Hoheit! das Mädchen ist ja nur ein Kind! Machen Sie mir dasselbe nicht eitel und setzen dem Dinge Raupen in den Kopf, ich denke mir, die Alice soll dereinst eine tüchtige Kaufmannsfrau, aber beim Himmel keine Künstlerin und am wenigsten eine Schauspielerin oder Sängerin werden."

Prinz Leopold, der unter den scheinbar scherzhaft gesprochenen Worten des alten Mannes doch den Ernst und die Ueberzeugung, die in denselben lag, herausgefühlt hatte, entgegnete ernst: „Ich hätte nicht geglaubt, in einem Hause, wo die Kunst eine so sichtbare, schöne Heimstätte gefunden, eine solche Antipathie gegen dieselbe zu vernehmen! Im übrigen, mein lieber Senator, wollen wir der Natur und der Zeit ihr Recht und ihren Lauf lassen! Was ein echtes Künstlergemüt ist, wird durch nichts von seiner Neigung und seinem Berufe aufgehalten und abgezogen. Die Kunst gleicht der Lorelei, wer den Gesang derselben einmal vernommen —"

„Wird in den Strudel hinabgezogen, bis Kahn und Schiffer versinkt", fiel der Senator ein, während er zugleich sich zur Alice wendete und derselben die Hand wie segnend auf das Haupt legend, sagte: „Bewahre Dich der Himmel, Kind, vor jeder künstlerischen Leidenschaft. Die Kunst ist und bleibt ein Dornenfeld."

„Auf welchem aber gewiß auch Rosen und die schönsten in reicher Fülle erblühen. O, Onkel Senator, bis jetzt bin und bleibe ich Dein Liebling, Dein Schmeichelkätzchen. Und wenn ich wirklich einmal eine große Künstlerin, wie Hoheit in Gnaden zu äußern geruhten, werde, so sollst Du niemals die Dornen, sondern nur die Rosen meines Lebensweges zu sehen bekommen!" Während sie bei dieser Äußerung dem Prinzen eine überaus zierliche, graziöse Verbeugung gemacht, hing sie sich kindlich herzlich an den Arm des alten Herrn und fuhr ihm mit der zierlichen feinen Hand über das gefurchte Angesicht, bis das ernste, feuchte Auge aufleuchtete und der Mund leise sagte: „Behüt' Dich Gott!"

Alice eilte zur Tante, die überaus befangen am Tische stand, nahm derselben die Schale mit kostbaren Trauben aus der Hand und präsentierte dieselben dem Prinzen, dessen Auge nicht müde wurde zu bemerken, wie das junge Mädchen fast mit jeder Minute zu wachsen und sich um Jahre voraus zu entwickeln

schien. Der Unmut, den die Rede des Senators in
ihm hervorgerufen, schwand bei dieser Wahrnehmung
mehr und mehr, und huldvoller, als es sonst wohl
geschehen wäre, verließ er das Haus und schien selbst
den Worten des Senators ein mehr als gnädiges
Ohr zu leihen, als derselbe, sich für einen Augenblick
mit dem Prinzen alleinsehend, sagte: „Verzeihung,
Hoheit, ob meiner vorhin geäußerten Worte. Möchte
ich zu schwarz sehen, aber ich fürchte, das Haus
Verdessen geht an unverstandener künstlerischer Leiden=
schaft zu Grunde!"

Der Prinz schaute auf; eine Frage, was diese
Worte bedeuten sollten, lag auf seiner Lippe. Doch
als in diesem Augenblicke der Herr des Hauses wieder
nahe trat und er sah und merkte, daß die gethane
Äußerung wohl ihm allein gegolten haben sollte,
schwieg er, und verabschiedete sich gleich darauf ernster,
als es sonst wohl geschehen sein mochte.

Verdessen, der die Wolke auf der Stirn seines
hohen Gastes bemerkt hatte, kam in Hast zu dem
Senator und sagte: „Was hast Du zu dem Prinzen
gesprochen?"

„Nichts, das Dich berühren und verstimmen
könnte, fiel Mewissen ernst, gemessen ein. Dein Ehr=
geiz hat heute sein Recht bekommen. Deine Galerie
ist von einem Prinzen, der als Kenner gilt, durch=
schritten worden. Als Kunstmäcen wirst Du befriedigt

sein, möchteſt Du es dereinſt auch als Kaufmann
werden, wenn Du Deine Bücher zum Abſchluß bringſt."

Der Vater Alicens ſchaute auf und eine mehr als
bittere Antwort lag auf ſeiner Zunge. War der ange=
regte Gegenſtand doch bereits oftmals ſchon der Grund
zu ernſten Mißhelligkeiten zwiſchen beiden geweſen,
ohne daß eine Verſtändigung oder Einigung erzielt
worden wäre. Der Senator konnte und mochte in
den fortgeſetzten Ankauf immer neuer Kunſtſchätze ſich
nicht finden, er ſah in demſelben eine Gefährdung des
kaufmänniſchen Geſchäfts und eine Verſchwendung,
die weit über die Einkünfte eines Privatmannes
hinausging, während Herr Verbeſſen von dieſem
ſeinem Steckenpferde und ſeiner Sammelſucht, die
bereits zur Leidenſchaft und zur Manie geworden
war, nicht laſſen mochte; zumal er in ſolchem
Streben die vollſte Befriedigung tief innen wohnender
Eitelkeit fand. Der Gedanke, als Kunſtkenner ange=
ſehen und geachtet zu werden, ging ihm bereits über
die Ehre und den Ruhm, als geachteter Kaufmann
dazuſtehen und ſein Haus auf ſolider Grundlage
aufzubauen. Aus dieſem Grunde war für ihn auch
der Beſuch des Prinzen von unſchätzbarem Wert und
ſein Sinn und ſeine Gedanken waren auf neue Erwer=
bungen für ſeine Galerie gerichtet, ohne daß er als
Kaufmann und Handelsherr die Summen in Betracht
zog und erwog, wie er dies als Geſchäftsmann doch

zuerst und vor allen Dingen hätte thun sollen. Mit
diesen Gedanken würde, wie gesagt, die Antwort auf
die Bemerkungen des Senators schärfer und bitterer als
sonst herausgekommen und es zwischen beiden Männern
bereits jetzt zum Bruch gekommen sein, wenn nicht
Alice in diesem Augenblicke lachend gerufen hätte:
„Nein! der Prinz war zu spaßig; er that, als ob ich
bereits eine große Dame und Künstlerin wäre und ich
habe doch nur gesprochen, wie mir der Schnabel gewachsen war und wie ich auch gar nicht anders
sprechen konnte. Die Worte, die ich sagte, ver-
langten es.“

Als der Vater jedoch mit großem Ernste sagte:
„Du hast Deine Sache vorzüglich gemacht“, lachte
Alice fröhlich auf und rief: „Nein, Vater! Du sowohl wie die Tante, mit samt dem Prinzen, ihr sollt
mich mit Euren Reden dennoch nicht eitel machen.
Hab' ich meine Sache gut gemacht, so weiß ich, wem
ich es zu danken habe. Und der will und werde ich
es sagen.“

Mit diesen Worten wollte sie zur Thür hinaus,
wurde jedoch durch den Eintritt eines prinzlichen
Lakaien daran gehindert. Derselbe kam im Auftrage
seines Herrn, des Prinzen Leopold, nicht sowohl um
Herrn Verbessen in einem höchst gnädigen Handbillet
seinen nochmaligen Dank und Zufriedenheit für den
Genuß zu sagen, den ihm die Besichtigung der Galerie

6*

bereitet habe, als auch um für Alice ein kostbares
Armband abzugeben, das der Prinz ihr nicht sowohl
zur Erinnerung als auch mit dem Wunsche und der
Bitte sendete, daß sie dasselbe einst noch tragen möge,
wenn sie geworden, was er im Geiste bereits in ihr
erblickt und vorhergesehen. Die Übersendung dieses,
mehr als reichen Geschenkes, war für alle eine große
Überraschung, gemischt mit Freude und Staunen.
Nur Alice, die Hauptperson, die am meisten Be=
teiligte, blickte auf die Perlen und kostbaren Steine,
ohne daß eine sichtbare Freude auf ihrem Gesicht sich
bemerkbar gemacht hätte. Ernst sagte sie: „Weißt
Du, Tante, ich kann mich nun einmal über dies prinz=
liche Geschenk in keiner Hinsicht freuen. Ich habe es
nicht verdient und sein Wert und seine Kostbarkeit
steht in keinem Verhältnis zu dem, was ich geleistet.
Was habe ich denn Großes gethan? Ich habe einen
Vers, den ich nicht einmal gemacht, hergesagt, wie wir
dies in der Schule gelernt, und dabei ein Boukett
Rosen überreicht. Daß nun der Empfänger zugleich
ein Prinz gewesen, thut doch zur Sache nichts und
rechtfertigt die Übersendung eines so kostbaren Ge=
schenkes nicht! Weißt Du, liebe Tante, leg das Arm=
band fort und sage niemand, daß ich es empfangen.
Meine Schulfreundinnen könnten mich beneiden oder
verspotten! Und beides möchte ich nicht; noch zu be=
denken, daß niemand weiß, was die Zukunft bringt.

Doch, abe Tante! ich muß nur nach dem Garten, um
wieder froh und heiter zu werden. Die ganze Geschichte
macht mir den Kopf noch so dick und wirr, daß ich
am Ende gar nicht mehr weiß, was ich selber will."
Und rasch wie ein Wiesel war sie zur Thür hinaus
und eilte nach dem Garten, wo sie an dieser und jener
Blume roch oder von einem jungen Bäumchen die
Blätter im Übermut schüttelte, während sie zu gleicher
Zeit mit dem alten Kaspers, der auf den Beeten
seiner Beschäftigung nachging, hier grub, dort harkte,
oder eine Blume hin und wieder beschnitt und anband,
dabei nach gewohnter Art plauderte. Dennoch, trotzdem
sie wie immer zu sein schien, machte sich die innere
Unruhe zugleich doch auch äußerlich sichtbar und das
Auge flog mehr als einmal nach der Garten=
thür, wie als erwarte sie jemand, dem sie mit Sehn=
sucht entgegen harre. Und als nun nach kurzer Zeit
die Elfriede endlich daher kam, da war sie mit kurzen
Sprüngen ihr zur Seite und rief: „Aber, wie Du
nur gerade heute so lange bleiben kannst! Weißt', es
ist doch recht garstig, daß Du immer und immer in
Deinem Setzersaal sitzen mußt, um Buchstaben an
Buchstaben zu reihen. Ich hielt's nicht aus und müßt'
ich durchs Fenster fliegen!"
Die Angeredete, die ein wenig angegriffen und
erschöpft aussah, strich sich mit der Hand über die
große, freie Stirn und sagte, gezwungen lächelnd:

„Es lernt sich manches! Muß ist ein schlimmes
Kraut, und man thut gut, sich das Leben nicht durch
unzeitige Gedanken, wie es anders sein könnte und
sein müßte, zu erschweren." Und wie, als wolle sie die
gesprochenen Worte sofort bewahrheiten, sagte sie:
„Wir wollen hinauf in mein Zimmer gehen! Du
mußt mir ja noch alles erzählen, wie es Dir heut er=
gangen, ob Du Deine Sache auch gut gemacht und
der Prinz Dir ein gnädiger, huldvoller Zuhörer
gewesen."

Alice, die ihren Arm vertraulich in den der
Freundin gelegt hatte, zog denselben, wie im Unmut,
wieder heraus und sagte, für einen Augenblick stehen
bleibend: „Wie Du nur sprichst! Als ob ich dieser=
halb nicht auf Dich gewartet hätte! Aber, daß Du
denkst, ich hätte stecken bleiben können, das hast Du
selber nicht gedacht und dazu kennst Du mich, daß ich
mich vor einem Prinzen nicht fürchte! Aber das ist
es auch gar nicht, was ich Dir sagen wollte und das
mich mit Unmut erfüllt. Es ist der Gedanke, daß auch
niemand, gar niemand gefragt, von wem ich die Worte
habe, die ich gesprochen! Und sie waren doch so schön!
Was bin ich denn gewesen, als ein guter, folgsamer
Papagei, der die Aufgabe gelernt, die man ihm auf=
gegeben. Und für dies Plappern sendet mir der Prinz
ein kostbares Armband. Als ob dasselbe nicht Du
verdient hättest, die mir den Vers gemacht und gegeben.

Elfriede hatte sich ein wenig seitwärts gewendet
und sagte nach einigem Stocken: "Dein gutes, neid=
loses Herz übertreibt einmal wieder. Ich habe nichts
gethan, als einige Worte einer fremden Hand, die ich
zufällig anderwärts aufgezeichnet gefunden, in Deinem
Geiste und Deiner Stellung umgewandelt, umgeformt
zu haben. Und wer weiß, ob es selbst zum Besseren
geschehen. Dafür wirst Du mir doch nicht ein kost=
bares Armband vindicieren wollen. Die Worte sind
in gewisser Hinsicht nur ein Gefäß, in welches durch
Dein kunstvolles gutes Sprechen, durch Deinen Vor=
trag erst ein Geist, ein Leben gekommen."

Alice hatte wie träumend zugehört, leise sagte sie:
"Ich weiß nicht, woher Du immer die Worte und
Gedanken nimmst, Du hättest Doktor oder Professor
werden sollen. Ich glaube gar, Du schläfst des Nachts
nicht, sondern Du studierst. Die Kaspers behaupten
es auch."

"Help yourself! sagt der Amerikaner," rief
Elfriede, gezwungen lachend, während sie die Treppe
zu ihrem Zimmer hinaufstieg. "Wer sich nicht selber
hilft, ist verloren. Und überdies, Du klagst und
findest es unbillig, daß man den Sinn Deiner] ge=
sprochenen Worte nicht beachtet, noch sich nach dem
Verfasser derselben erkundigt! Fragst Du selber, so
Du jemals ein Lied singst oder es singen hörst, wer
der Dichter sei und welchen Namen er führe? Es ist

auch hier, wie im Leben immer und überall, das Pferd, welches den Hafer verdient, bekommt ihn nicht! Doch von dem allen ist ja hier nicht die Rede! Trage Du in Freud' und Ruhe Dein Armband und mache Dir keine Gewissensskrupel."

Alice war still geworden. Zum ersten Mal im Leben, seitdem sie die Elfriede kennen gelernt, war es ihr, als sei dieselbe ihr fremder und ferner als je, und sie über Nacht um Jahre älter geworden. Sie war stiller und stiller geworden und nur, als auch Elfriede schwieg, war es, als erwache sie aus einem Traume, und wie, als spräche sie zu sich selber, sagte sie: „Ja, ja! bei dem Cecil Marquard war es auch so. Man machte ein Aufhebens von seinem Spiel, aber von den Meistern der Stücke, die er spielte, sprach man nicht! Wo der Cecil nur gegenwärtig sein mag? Ob er wohl noch zehn Jahre alt ist oder ob man ihn durch Kuchenstückchen älter machen muß!" Und dabei ließ sie ihr silberhelles, kindliches Lachen laut werden, das so bezaubernd erklang und ihr so leicht alle Herzen, die es hörten, gewann.

Gleich darauf aber stand sie auf, und sagte, sich zum Abgehen anschickend: „Ich will nur wieder zur Tante gehen! Ade! Elfriede, werde keine Gelehrte und arbeite über Nacht nicht zu viel! Hu, hu! es wird mir ordentlich kalt bei Dir! Und husch war sie

zur Thür hinaus, ehe Elfriede noch sie zu halten oder
ein Wort dagegegen zu reden vermochte.

Am nächsten Sonntag Nachmittag freilich, als der
Heinrich, der Elfriede Bruder, seinen freien Tag hatte
und gekommen war, um sich bei der Schwester zu er=
holen, zu sättigen und auch, um sich ein wenig
auszuweinen, da er sich im Waisenhause immer und
immer noch nicht wohl fühlen könne, daß es daheim
beim Vater und bei der Schwester doch besser und
schöner gewesen sei — da waren Alice und Elfriede wieder
die alten, die jugendlich frischen jungen Mädchen, die
nur zu gern einmal wieder sich im Garten tummelten
und mit dem Heinrich Zeck und Fanchon spielten.
Und das thaten sie rechtschaffen; denn nachdem der
Knabe, der Heinrich, sich ausgeweint, seine Leiden und
Kümmernisse geklagt, waren die Thränen, nach jedem
Leckerbissen, den ihm Alice aufgehoben und jetzt zuge=
steckt hatte, mehr und mehr versiegt, bis das Gesicht,
nach Kinder= und Knabenart, nur zu bald wieder ge=
lacht und er sich fröhlich im Garten tummelte, als hätte
er niemals geweint und sein Herz von Kümmernissen
beschwert gefühlt. Und doch sollte der heutige Nach=
mittag in seinem Leben einen bedeutenden Wende=
punkt hervorrufen, wie auch von hier ab das Leben
des jungen Mädchens sich anders gestalten sollte.

Ein Hauch macht ein Blatt vom Baume sinken,
wie eine Stunde das Geschick eines Menschen zu

ändern vermag. — Man hatte gespielt; es waren noch einige andere junge Mädchen dazu gekommen, dann war der Abend hereingebrochen, es war dunkler mehr und mehr geworden, bis man sich endlich getrennt und unter fröhlichem, oftmaligem Gute Nacht-Sagen, glücklich, zufrieden, fröhlich geschieden war; jedes der jungen Mädchen versichernd und meinend, daß es doch zu schön gewesen sei, und man am nächsten Sonntage gewiß wieder zusammen kommen wolle.

Und der Heinrich? Er war beim Abschiednehmen und bei der Trennung nicht zugegen gewesen. Man dachte seiner im Augenblicke nicht und als die Schwester und Alice sich seiner später erinnerten, da glaubten und meinten beide, er würde die einbrechende Dunkelheit bemerkt haben und geeilt sein, um nicht zu spät nach seinem Waisenhause zu kommen.

In diesem Gedanken hatte sich jede von ihnen beruhigt und ihr Lager aufgesucht.

6.

Die Sonne ging andern Tags so klar und hell auf, daß sich jeder eines schönen Tages gewärtig sah. Auch im Verbessenschen Hause hielt sich jeder für berechtigt, der das Tagesgestirn so hell leuchtend am Himmel fand, mit Vertrauen den kommenden Stunden entgegen zu sehen. Und dennoch war es, als wäre plötzlich ein Blitz aus heiterer Höhe hernieder gefahren, als habe der Horizont sich jäh mit Wolken verhüllt und die Freudigkeit des Tages in düstere Nacht verwandelt.

Der Herr des Hauses, der Chef der Firma Verbessen, war durch den Ruf des Dieners aus seinem Morgenschlaf gerissen worden. Die Nachricht war gekommen, daß Diebe die Nacht im Comtoir gewesen sein müßten. Die Schränke und Tresors seien gewaltsam erbrochen, Geld und Geldeswert seien geraubt.

Die Nachricht war mehr denn nur zu sehr dazu angethan, das ganze Haus in Alarm zu versetzen. Die Diebe mußten mit großer Umsicht und Kenntnis zu Werke gegangen sein. Die Außenthüren zeigten

sich gänzlich unversehrt. Man schien dieselben durch
Nachschlüssel geöffnet zu haben. Drinnen aber zeigte
ein Blick, daß die Diebe überaus arg gehaust haben
mußten. Man hatte nicht allein die Kassen gewaltsam
geöffnet und dieselben geleert, sondern man schien
auch eine förmliche Zerstörungswut an Schriften und
Büchern verübt zu haben, gleichsam als liege hier
nicht sowohl ein frecher Diebstahl, sondern vielmehr
auch ein Akt persönlicher Rache vor. Denn anders
konnte und wußte sich niemand die Zerstörung der
Bücher zu erklären. Das ganze Dienst- und Haus-
personal stand wie gelähmt beim Anblick dieser Ver-
wüstung, während der Chef, wie vom Schlage getroffen,
das Gesicht in der Hand geborgen, zu jeder Meinungs-
äußerung, zu jedem Befehle unfähig geworden zu sein
schien.

Während der inzwischen angekommene Kassierer
einen Boten zu Herrn Mewissen, dem Senator, sendete,
ein anderer die Polizei herbeirief, führte der Zufall
den Doktor Arnulf, den Zeitungsredakteur am Hause
vorüber. Er hörte von dem, was geschehen und trat
ein. War er doch ein Freund und oftmaliger Gast
des Hausherrn. Und wie es so zu geschehen pflegt,
während alle Insassen, alle, die mehr oder weniger
von der Angelegenheit berührt und in Mitleidenschaft
gezogen wurden, nach dem Ort der That drängten
oder unruhig, wie geistesabwesend umherliefen oder

standen, ging der Doktor, der Redakteur, unbeachtet, unbemerkt ins Haus hinein, die Treppe hinauf, um sich in die Privatzimmer zu begeben, wo er einzelne Familienmitglieder oder Herrn Verbessen selbst zu finden meinte. Niemand begegnete ihm. Doch als er droben den Corridor entlang ging und im Begriff war die Thür des Wohnzimmers zu öffnen, trat ihm ein Knabe aus einer dunklen Nische entgegen, fiel ihm zu Füßen und sagte weinend, flehend die Hände erhebend: „Ach, Herr Doktor! lieber Herr Doktor! Ich bin ganz gewiß nicht die Nacht mit Absicht hier verborgen geblieben; wir haben Versteck gespielt, die Alice und die Schwester. Und da bin ich hierher gelaufen und da sie nicht kamen und mich suchten und es so dunkel geworden war, fürchtete ich mich, ich konnte ja zum Waisenhause nicht mehr zurück, es war zu spät, ich fürchtete Strafe und da, da bin ich wieder nach hier zurückgegangen und habe im Winkel geschlafen bis — bis —"

Der Knabe, in welchem der Doktor längst unsern Bekannten, den kleinen Heinrich, den auch er bereits mehrfach hier früher im Hause gesehen, erkannt hatte, stockte und schien nicht weiter reden zu wollen, oder aus Furcht zu können, bis er endlich mühsam noch die Worte herausbrachte: „Ich weiß es nicht, ich will es auch nicht. gesehen haben, aber — aber der Alice Vater war es gewiß, der diese Nacht kam. Er sah aber recht schwarz und gar nicht wie sonst aus! Ach!

aber sagen Sie es niemand, lieber Herr Doktor. Ich fürchte mich nur, denn ich werde im Waisenhause viel, viel Schläge bekommen, weil, weil ich die Nacht aus= geblieben; wofür ich doch ganz gewiß nicht kann. Warum haben sie mich nicht gesucht und gefunden! Und ach! ich war so müde. Hu! die Nacht!" Der Heinrich schüttelte sich vor Angst und Frost. Der Doktor aber, durch die Reden des Knaben mehr denn nur zu sehr erregt und zu eigentümlichem Nachdenken veranlaßt, schien den Gedanken, einzutreten und die Glieder des Hauses zu begrüßen, plötzlich aufgegeben zu haben, er schien anderen Sinnes geworden. Und den Knaben bei der Hand nehmend und mit demselben still das Haus verlassend, sagte er: „Sei ruhig, mein Junge! es soll und wird Dir nichts geschehen! Für jetzt komm nur mit mir, Du wirst hungrig und durstig sein und eine Stunde Schlaf wird Dir gut thun."

So mit dem Heinrich dahinschreitend, trat ihm der Chef der Kriminalpolizei entgegen, der im Begriff war sich nach dem Ort des begangenen Verbrechens zu begeben. Die Herren kannten sich. Der Doktor wechselte einige Worte mit dem Beamten und letzterer sagte im Weiter= schreiten: „Ich hoffe in einer Stunde bei Ihnen sein zu können, wenn anders meine Pflicht mich nicht anderweitig in Anspruch nimmt. Ihre Vermutung, fürchte ich, wird nur zu richtig sein. Es steht mit dem Hause schon lange nicht mehr, wie es stehen sollte."

Der Senator wird am meisten leiden. Doch, abe! auf Wiedersehen."

Die Herren trennten sich; während aber der Doktor mit seinem kleinen Schützling nach Hause eilte, dort dem Heinrich ein Frühstück verabreichen ließ und ihn dann zu Bett schickte, um sich von aller Angst und Übermüdung auszuschlafen, war der Kriminal= beamte in das Haus Verdessen getreten. Es bedurfte hier nur des Blicks eines so gewiegten Beamten, als derselbe war, um zu erkennen, daß nicht routinierte Diebe hier gewirtschaftet, sondern daß das Ganze mehr ein Scheindiebstahl, als ein wirklich vollführter war. Der Beamte hieß daher auch alle Diener und Zube= hörige des Hauses das Zimmer verlassen und sich nun erst zu dem allein zurückgebliebenen Verdessen wendend, der bislang, wie an Leib und Seel' gebrochen, auf einem Sessel gesessen, sagte er: „Ich glaube, es wird nicht gut thun, hier noch weiter nach Dieben zu fahnden. Es waren einfach keine hier." Und nun, wie von augenblicklichem Mitleid gerührt, legte er die Hand auf die Schulter des Zusammengesunkenen und sprach, mehr als Mensch denn Beamter: „Mein lieber Herr Verdessen, warum mußten Sie zu diesem Schritte greifen, der doch unmöglich zu einem guten Resultate führen konnte. Warum nicht einfach Ihre Zahlungs= unfähigkeit, die ja seit längerer Zeit und von vielen Seiten bereits geahnt und erkannt wurde, gestehen,

als erst noch zu einem Verbrechen, zu einer Fälschung
zu greifen. Ihre Prunksucht, ihre Manie, Gemälde zu
kaufen und sich als Kunstkenner der Welt darzustellen,
hat Sie an den Abgrund gebracht, wie dies jede
unzeitige Leidenschaft mehr oder weniger immer thut.
Statt auf schiefer Bahn inne zu halten, wurde Prinz
Leopold ins Haus gelockt und da auch dies den aufs
neue verursachten Aufwand, die gemachten enormen
Kosten nicht deckte, der erwartete Ankauf Ihrer
Galerie nicht erfolgte, brach das Gebäude zusammen!
Sie fingierten einen Einbruch und die Zerstörung Ihrer
Handlungsbücher, damit man Ihnen Ihre Handlungs=
weise nicht sollte nachweisen können. Sie schwärzten
sich in der Nacht das Gesicht, wofür ich Ihnen einen
Zeugen stellen kann, der Sie gesehen und erkannt
und wurden Ihr eigener Dieb!" Und nach einigen
Augenblicken setzte er, tief ergriffen, hinzu: „Armer
Freund! Ich fürchte, Sie haben nichts gewonnen, als
nur Ihre eigene Ehre verloren, Ihr Lebensglück
untergraben. Ich muß hier als Beamter einschreiten!
Ich will thun, was ich kann. Ordnen Sie so viel als
möglich Ihre häuslichen Angelegenheiten, nehmen Sie
von den Ihrigen, von Ihrem Kinde Abschied, in einer
Stunde kehre ich wieder, wo Sie dann mein Gefangener
sein werden."

Und, als ob der Beamte fürchtete, daß sein Ge=
fühl, sein Mitleid ihn noch zu weiteren, schon zu weit

gehenden Vergünstigungen und Nachsicht verleiten
könne, verließ er das Gemach und trat zum Hause
hinaus.

Als er, seinem Versprechen gemäß, zum Doktor
eintrat, fand er bei demselben den kleinen Heinrich
bereits erwacht vor. Die Angst vor dem Waisenhause
und der dort zu erwartenden Strafe hatte den kleinen
Menschen die gewünschte und gesuchte Ruhe nicht finden
lassen. Jetzt aber strahlte sein Auge vor innerem
Glück und Zufriedenheit. Er hatte soeben von seinem
Beschützer, dem Doktor, die Zusicherung erhalten, daß
er gar nicht nach dem Waisenhause zurück, sondern bei
ihm im Hause als Laufbursche bleiben solle. Das
war ein Glück, wie der Knabe es sich nicht schöner
jemals geträumt.

„Was soll ich machen!" sagte der Doktor, nachdem
der Kriminalbeamte eingetreten und von einer Ver=
nehmung des Knaben Abstand zu nehmen erklärt hatte,
da dieselbe nach allem Vorliegenden nicht mehr nötig
sei. „Was soll ich machen?" erklärte der Doktor
nochmals. „Einen Laufburschen kann ich brauchen
und bin ich benötigt. Und wenn der Junge nur ein
wenig nach seiner Schwester, der Elfriede, artet, denke
ich keinen Fehlgriff gethan zu haben, zumal das
Waisenhaus wie ein Schreckgespenst vor seinen Augen
steht. Wir wollen sehen, wie der Knabe einschlägt
und was sich später aus ihm machen läßt. Jeder ist

Mädchenfreundschaft.   7

und bleibt immer der Schmied seines Glücks! Das sehen wir auch heute wieder bei dem Chef des Hauses Verbessen. Der Mann dauert mich, noch mehr aber das Kind und der Senator, der wohl auch mit den größten Teil seines Vermögens, welches in der Handlung lag, verliert."

Der Beamte nickte, zum Zeichen gleicher Ansicht, dann aber fuhr er sich mit der Hand über die Stirn und sagte, sich in Hast zum Abgehen anschickend, wie aus einem bösen Traum erwachend: „Ja, ja! leben Sie wohl. Es treibt eine innere Angst und Sorge mich nach dem Hause zurück. Ich fürchte, ich bin zu nachsichtig gewesen; ich hätte als Beamter sofort einschreiten und die Verhaftung vornehmen sollen, aber — aber ich konnte nicht, der Mensch in mir besiegte den Beamten. Leben Sie wohl! Und wie von unbesiegbarer Angst getrieben, eilte er davon.

Dennoch sollte er zu spät kommen. Schon nicht fern des Hauses kam ihm der Arzt entgegen und teilte ihm mit, daß Herr Verbessen soeben gestorben sei. Und als der Beamte ob dieser Mitteilung nur zu sichtbar erschrak und in Hast fragte: „Gestorben? Was veranlaßte seinen Tod?" zuckte der Arzt die Schulter und sagte gleichgültig: „Was wollen Sie, ich dächte, hier wäre der Tod eine nur zu natürliche Folge der Aufregung. Sagen wir daher, der Schlag hat den Mann gerührt!"

Während der Arzt, um, wie man sah, nicht mehr
sagen zu müssen, davon eilte, trat der Senator herzu
und sagte, dem Beamten die Hand drückend: „Sie
hörten bereits. Hier war und ist der Tod ein Segen.
Kommen Sie! Ich denke, es wird so Ihre Pflicht
Ihnen leichter werden. Der Schuldige steht bereits
vor seinem höheren Richter. Lassen Sie uns milde
sein und urteilen."

Die Männer traten in das Haus, wo kein lautes
Wehklagen, wie es in einem Totenhause sonst der
Fall, ihnen entgegen tönte. Es lag eine dumpfe, be-
ängstigende Schwüle über dem Ganzen. Jeder, vom
höchsten bis zum niedrigsten, fühlte ja und wußte es,
daß hier nicht ein Todesfall allein vorlag, sondern daß
auch der gänzliche Ruin vorhanden, ja das Ansehen
und die Ehre des Hauses bereits vernichtet war und die
Auflösung des Ganzen, jedes dienstlichen Verhältnisses
bevorstand. Daher dies Gedrücktsein aller Bewohner
des Hauses und des Geschäftes.

In der Stadt aber hatte das Ereignis wie ein
Lauffeuer sich verbreitet. Während 'aber die Firmen,
welche mit dem Hause Verbessen in geschäftlicher Be-
ziehung gestanden, nur zu gewiß von dem Verlust
bedeutender Kapitalien überzeugt waren und die ge-
eigneten gerichtlichen, nötigen Schritte zur Sicherheit
thaten, hatten unzählige kleine Leute, arme Handwerker
und niedere Beamte sich vor dem Hause versammelt,

7*

um ihrer Entrüstung, ihren Gefühlen Luft zu machen,
besonders als sie sahen und hörten, daß von einer
Auszahlung ihrer hier niedergelegten und dem Hause,
welches ihnen ja für sicher gegolten, anvertrauten
Gelder nicht die Rede sein könne, ja daß dieselben
insgesamt wohl verloren seien. Es war ein herz=
zerreißender Anblick, alle diese Leute zu sehen und zu
hören, die ihr mühsam Erspartes voll Vertrauen hier
niedergelegt und sich nun um alles betrogen sahen.
Welcher Jammer, welche Verwünschungen gegen den
Toten und seine Angehörigen wurden laut. Alice,
durch den Tumult aus ihrem Schmerze erwacht, war
an das Fenster getreten, hatte das Geschrei und den
Aufruhr der Menge gehört und vernommen und eilte
nun, wie von Verzweiflung getrieben, zum Garten
hinaus, zur Elfriede, an deren Brust sie sich warf
und aufschluchzend, weinend rief: „Rette, rette mich!
Den Anblick vergeß ich niemals, die Verwünschungen, die
man gegen den Vater ausstößt, werden mir nimmer aus
dem Gedächtnis schwinden! Ich werde niemals, nie=
mals Ruhe haben, ehe diese armen Leute nicht be=
friedigt wurden, ehe sie ihr Geld nicht wieder erhalten!"

„O, ich weiß es ja und Onkel Senator hat recht,
die Leidenschaft als Kunstkenner zu gelten und die
bedeutendste Gemäldesammlung besitzen zu wollen, hat
den Vater ins Unglück gestürzt. Nicht die Kunst,
sondern sein Stolz hat ihn auf Abwege geleitet. Die

Kunst kann und wird niemals zu Irrwegen führen.
Sie ist, denke ich mir, die schönste Blüte, die das
Leben hier zeitigt, die unser Dasein erst wahrhaft
verschönt. Nein, nein, die Kunst macht nicht unglücklich,
aber die Leidenschaft Künstler oder Kunstkenner sein
zu wollen, wenn innerer Ernst oder Begabung dazu
fehlt. O, sieh mich nicht so groß, so erstaunt an, ich
weiß nichts; was ich sage, habe ich wohl von dem
Onkel Senator oder von anderen vernommen; aber
es ist mir, als habe ich erst jetzt das richtige Ver=
ständnis für die Worte erhalten, als sei ich mit einem=
male durch den Schmerz, durch das Unglück um Jahre
älter geworden, und so laß es mich Dir auch immer
sagen: „Ich fürchte mich vor Armut und Entbehrung
nicht, mögen sie alles, alles hinnehmen und den Armen
geben, Du hast es mich gelehrt, wie man mit wenigem
auskommt, wie man sich allein, allein forthelfen kann.
Du bist und sollst mein Vorbild sein. Dir will ich
nachstreben. O, Elfriede! verlaß mich nicht, sei und
bleibe Du meine Freundin! Ich habe alles, alles
verloren, selbst das Vertrauen fehlt. Mein armer
Vater! Du schienst so wahr!" So warf sie sich an
die Brust der Freundin und weinte bitterlich.

Der Senator kam bald darauf und die beiden
jungen Mädchen Arm in Arm findend, sagte er, Alice
umfassend und ihr das Haar streichend: „Du armes
Vögelein, was wird mit Dir? Die Tante hat den

Kopf gänzlich verloren, sie ist wie abwesend, sie wird sich sobald als möglich zu ihrer Schwester begeben und mit dieser ein Haus ausmachen. Dorthin kannst Du nicht mit und die Tante scheint es auch nicht zu wünschen, wie sie Dich denn auch stets den Verlust ihres Vermögens durch Deinen Vater würde fühlen lassen. Ich selber habe keine Häuslichkeit, wohin bringe ich Dich?"

Elfriede hatte sinnend geschwiegen, jetzt sagte sie: „Wollen der Herr Senator mir erlauben einen Vor= schlag zu machen?" Und als der Senator rief: „Gelt Mädel, laß hören was Du meinst", sagte sie: „Ob die Kaspers ihr Häuschen hier und ihre Stellung werden behalten können, steht dahin, wenn auch schon, denke ich, der neue Besitzer des Gartens, der nicht lange auf sich warten lassen und er anders einen Gärtner bedarf, die alten Leute nicht verabschieden wird, so ist es hier mit der Alice doch nichts, wie auch ich von nun ab den Kaspers werde Kostgeld zahlen, da ich es gegenwärtig schon kann und ich dadurch aus dem kindlichen Ver= hältnis, in dem ich bisher zu ihnen gestanden, nicht zu scheiden brauche, vielmehr den alten Leuten desto mehr werde zur Hand gehen müssen. Die Alice kann und darf in solcher Abgeschiedenheit und Beschränktheit nicht sein; sie muß lernen, sich entwickeln und ausbilden, und das denke ich, würde sie am besten bei Herrn Valentin, dem Musikdirektor, können. Der Mann und

die Frau sind prächtige Leute, und Alice wird dort
gut aufgehoben sein, abgesehen davon, daß zur Aus=
bildung in der Musik dort die passendste und schönste
Gelegenheit geboten ist."

Der Senator schwieg nach dem Gehörten einen
Augenblick, dann aber sagte er: „Kind, Kind! einen
besseren Vorschlag hättest Du mir nicht machen können.
Der Valentin ist ein ganzer Mann, wie seine Frau
die höchste Achtung verdient. Ist's anders möglich,
denke ich, Alice, wirst Du dort gut aufgehoben sein.
Es sind einfache bescheidene Leute, und bescheiden wird
Deine Stellung ja von nun ab auch sein, außerdem,
denke ich, wird sich dort auch Gelegenheit finden, nicht
bloß Musik zu treiben, sondern auch anderes zu lernen.
Du kennst meine Ansichten über Kunst und Künstler
und hast hier —"

„Doch genug! Ich werde suchen das Nötige noch
heut zu veranlassen. Wird es doch gut sein, wenn
Du sofort nach dem Begräbnis des Vaters das Haus
verläßt. Es würde manches, was hier vorgenommen
werden muß, Dich schmerzlich berühren und es ist
besser, Du siehst und hörst von diesem allen nichts."

„Doch nun genug, Kinder! Nimm Dir ein Bei=
spiel an der Elfriede, Alice, und vergiß nie, daß der
alte Gott noch immer lebt und kein Sperling vom
Dache ohne seinen Willen fällt. Damit ging der alte,
prächtige Mann, der nicht den geringsten Vorwurf für

den Verstorbenen hatte; während doch auch er fast sein gesamtes Vermögen durch denselben verlor, er kaum wußte, wie und wo er sich betten sollte. Er verschloß alles in sich, während doch auch er von dem Ge= schiedenen nur zu sehr hinters Licht geführt und betrogen worden war. In bezug auf Alice veranlaßte er sofort das Nötige und als das Begräbnis vorüber, siedelte dieselbe zu dem Musikdirektor über, wo sie aufs freundlichste empfangen wurde.

7.

Darauf ging es auch hier, wie es nach solchen
Schicksalsschlägen gemeinhin zu gehen pflegt:
Alles was ein Menschenherz bisher erfreut und wofür
es gesorgt, geschafft und gearbeitet, bis die Leidenschaft
Ruhe und Lebensglück untergraben und genommen —
die Gemäldegalerie nahm nicht — wie der Sammler
zuletzt gehofft und in fieberhafter Angst als die letzte
Aussicht auf Rettung und Hülfe erwartet, und zu
welchem Behufe er den Besuch des Prinzen so heiß
erstrebt, und denselben, als er stattfand, mit so glänzender
und sichtbar herausfordernder Ovation verbunden hatte,
keine Kosten, keine Mühe scheuend — der Staat, sondern
die Bilder, die Kunstwerke wurden, wie auch die
übrigen Kostbarkeiten des Hauses auf Antrag der
Gläubiger in öffentlicher Auktion versteigert.

Es war gewiß ein Glück für Alice, daß sie an
dem Tage nicht mehr im Hause war, daß sie bereits
in der Familie des Musikdirektors ein bescheidenes,
stilles Heim gefunden, daß sie von dem, was im
früheren Vaterhause geschah, nichts sah und vernahm,

es war, wie gesagt, ein Glück für das arme, schwer
geprüfte junge Mädchen, daß dies so war. War die Alice
seit jenem Unglückstage, wo das Gebäude, das der
Vater so stolz aufgerichtet, wie ein Kartenhaus, vom
Winde angeweht, zusammenbrach, doch eine Andere
geworden. Es lag wie ein dumpfer, betäubender
Schmerz, wie ein Druck auf Stirn und Brust, ja man
hatte anfangs gefürchtet, ein Nervenfieber würde sie
aufs Krankenlager werfen, wobei es merkwürdig war
und als eine eigenartige Erscheinung gelten mußte,
daß nicht der plötzliche, geheimnisvolle Tod des Vaters
sie niederbog und ihren Geist und ihre Nerven aufs
höchste alterierte, sondern das Lamentieren, das Toben
der armen Leute, die sich durch das Haus Verbessen
um das Ihrige gebracht und betrogen meinten, wollte
nicht aus ihrem Gedächtnis weichen. Die Ver=
wünschungen, die Flüche, die Thränen, die sie weinen
gesehen, lagen ihr noch immer im Sinn, ruheten wie
ein Alp auf ihrer Brust und machten sie für Wochen
unfähig zu jedem freudigen, ruhigen Aufatmen, zu
jeder, auch der kleinsten Lebensfreude. War es ihr
doch, als könne und dürfe sie sich nie wieder unter
Menschen sehen lassen, als habe auch sie durch ihren
Putz, durch das was sie an Schmuck und Kostbarkeiten
vom Vater im Leben erhalten, mit zu den Verlusten
der armen Leute beigetragen, als sei ihr Reichtum, den
sie entfaltet und verbraucht, ein Diebstahl an dem

Vermögen der armen Betrogenen und Getäuschten ge=
wesen. Es hatte dieser Gedanke sich förmlich wie eine
fire Idee bei ihr festgesetzt und durch nichts war sie
zu bewegen, sich so elegant wie ehedem zu kleiden, oder
eine von den Kostbarkeiten anzulegen, die sie früher
getragen. Überaus einfach, wenn auch höchst kleidsam
ging sie einher, denn ihr natürliches, gleichsam ange=
bornes Geschick ließ sie auch das Einfachste künstlerisch
schön wählen und geschmackvoll ordnen und tragen.
Es lag in jeder ihrer Bewegungen eine gewisse Grazie,
die sie über ihre Jahre hinaus, sinnig, bedeutsam er=
scheinen ließ.

Wenn aber die Zeit auch den Schmerz der Brust
milderte, die Gedanken wieder ruhiger durch die Seele
fluteten, die Heiterkeit, die ungetrübte, glückliche Jugend=
freude, die sonst so gern und so ungesucht, natürlich
zum Ausbruch kam, hatte einem Ernste Platz gemacht,
der mehr und mehr noch weichen mußte, um einer
stillen Freude, einem Jugendmute Raum zu geben; wie
derselbe für ein junges Mädchen in ihren Jahren an=
gemessen war. Durch nichts war sie für jetzt noch zu
bewegen, und es trieb und veranlaßte sie auch niemand
dazu, jemals wieder das Vaterhaus zu betreten,
Kaspers und die Elfriede in ihrer Wohnung aufzu=
suchen. Und man konnte diesen ihren Entschluß nur
billigen und für gerechtfertigt erklären. Was sollte sie
dort? Sollte sie kaum vernarbte Wunden aufs neue

bluten machen? Sollte sie zu neuem Schmerz die
Plätze, die Räume sehen, wo sie als Kind so glücklich
gewesen und wo nun so viel, so viel geändert wurde
und schon geändert war, wo Fremde hausten und über
das verfügten, was sonst ihr eigen gewesen? Kaspers
waren in ihrem Häuschen und in ihrer Stellung ge=
blieben, wie auch die Elfriede ihr Stübchen behalten,
was aber hatte s i e dort noch zu suchen und zu
empfangen? Und dann, wer stand ihr dafür, daß nicht
eine jener Armen, die bei dem Vater ihr erspartes
verloren, sie sah und erkannte — und dann —

O, sie mochte den Gedanken nicht ausdenken, sie
schauerte tief im Innern zusammen und ein Flor, wie
als solle sie umsinken, ohnmächtig werden, legte sich
um ihr Auge. Nein, nein! nur nicht dorthin zurück!

Und gewiß, sie that recht daran und besonders
jetzt, an den Tagen, wo die Auktion stattfand und
die Bilder verkauft, in alle Winde verstreut wurden.
Es giebt nichts Schmerzlicheres, als solch eine Auktion.
Mit jedem Schlag des Hammers, den der Auktionator
erschallen läßt, ist es, als würde ein Nagel in einen
Sarg geschlagen und eine Lebensfreude, ein stilles
Glück zu Grabe getragen, als würde ein Menschenherz
durch diese Schläge zermalmt und zerrissen.

Alice vernahm zum Glück von diesem allen nichts.
Und als sie es später hörte und vernahm, daß die
Galerie mehr eingebracht als man geahnt und erwartet,

daß die Gläubiger überhaupt nicht so bedeutenden
Schaden erlitten, als man gefürchtet und daß eigentlich
nur die kleinen, armen Leute mit ihren Forderungen
gänzlich ausfielen, weil sie eben zu vertrauensselig
gewesen und ihre Gelder nicht gehörig sicher eingetragen,
schaute sie für einen Augenblick freudig auf und ein
zufriedenes Lächeln fuhr über ihr bleiches, liebliches
Gesicht, als sie aber des Schlußsatzes, der Armen
gedachte, war diese Freude sofort verschwunden, um
einer herabrinnenden Thräne Platz zu machen, während
die Lippe zugleich krampfhaft sprach: „Die, die es am
meisten benötigt, erhalten nichts und sie haben doch
zumeist ihr alles verloren. Ich werde niemals, nie=
mals wieder ruhig werden, ehe diese Armen nicht
gänzlich befriedigt sind.“

Und wie als leiste sie einen Schwur, blickte sie
gen Himmel.

Einfach, still lebte sie fort. Sie hatte etwas
Scheues angenommen; das kindliche Vertrauen, das
ihr sonst eigen und sie früher zu einer lieblichen
Mädchenerscheinung gemacht hatte, war dahin und ließ
sie für jetzt selbst im Hause des Musikdirektors, wo sie
doch von allen Gliedern der Familie so freundlich,
herzlich gehalten wurde, nicht ganz heimisch werden.
Nur wenn sie über den Büchern saß oder mit ganzer
Leidenschaft Musik trieb, dann war es als ob ein
anderer Geist über sie gekommen sei, als müsse sie in

Haft und mit aller Kraft einem Ziele zusteuern, das ihre kindliche Phantasie sich aufgebaut und das erreicht werden müsse. Der Musikdirektor hatte noch niemals eine so eifrige, gelehrige und auch talentvolle Schülerin gehabt als die Alice, welche natürlich dadurch auch sein Augapfel, sein Liebling und Herzblatt geworden war.

Die Tante hatte den Ort verlassen und war zu ihrer Schwester übergesiedelt. Der Senator kam selten und wenn er kam, brachte seine bekümmerte Miene, sein vor Gram sichtbar gebeugter Nacken, der Alice auch keine Freude und großen Trost. Der alte Mann hatte wohl den Verlust seines Vermögens verschmerzen können, aber daß seine kaufmännische Ehre, seine Reputation als Mensch, durch den Bankrott des Verbessen'schen Hauses mit und, nach seiner streng rechtlichen Ansicht, tief gelitten, machte ihn so kummervoll und ließ ihn nicht froh aufatmen und mit Vertrauen und Hoffnung umherblicken. Was half es ihm, daß er auch jetzt sein Vermögen nicht nach Möglichkeit zu retten gesucht hatte, daß er vielmehr zu Gunsten der anderen Gläubiger, selbst auf mehrere seiner Rechte verzichtet hatte, daß er jetzt und in Folge dessen fast mittellos und in Armut lebte. Der Stachel in seiner Brust, daß er durch früheres, ernsteres Einschreiten, durch Warnung und genauere Einsicht der Bücher den Sturz des Hauses und wohl auch den Tod des Vaters der Alice hätte verhindern können, wollte nicht

schwinden, es war als sollte diese Wunde niemals wieder
vernarben. Zu diesem allen kam noch, daß er Alice
gegenüber, die gut und wohl hier geborgen war, doch
einen leichten Unmut, einen gewissen Widerwillen nicht
unterdrücken konnte, wenn er kam, sah und hörte, daß
das junge Mädchen nur zu sehr und zu eifrig am
Instrument saß und übte, daß er oftmals dessen
Stimme schon im Hause vernahm und die Treppe
hinaufstieg, wo er dann wohl gern umgekehrt wäre,
wenn es eben unbemerkt hätte geschehen können. Aber
ehe er die Thür öffnete, oder die Stiege gänzlich
heraufgestiegen war, hatte die Alice seinen schweren,
dröhnenden Schritt schon gehört und erkannt und kam
ihm freudig entgegen, umfing ihn und sagte, wenn sie
sah, daß die Falten auf seiner Stirn mehr denn kraus
waren und der Unmut in ihm ein tabelndes Wort
über das ewige Singen und Klimpern laut werden
ließ: „Onkel Senator, kannst und willst Du mir denn
meine letzte Freude nehmen? Sieh, ich muß nun einmal singen, wie die Lerche singen muß, wenn der
Frühling erwacht! Und überdies frage den Herrn
Valentin, ob ich in der Schule nicht fleißig bin und
hier im Hause trotz meines Singens und Spielens
doch nichts versäume?"

Und wenn der alte Mann ihr dann über den
Scheitel fuhr und halb unmutig, halb wehmütig lächelnd
sagte: „Ja, ja! wenn Du mich an Deinen Herrn Musik=

— 112 —

direktor wenden heißt, dann bin ich erst recht verraten und verkauft, denn der möchte am liebsten niemals schlafen, um nur seiner leibigen Musik obliegen zu können. O Kind! Ich bin ja kein Feind, kein Verächter der Kunst und hier der Musik, aber dies leibige Dilettantenwesen, dies Künstlergebahren, wo doch der echte Künstler im Innern fehlt, ist mir ein Greuel. Bewahre Dich der Himmel vor jeder Künstlerlaufbahn und vor jeder Leidenschaft. Wir haben es bei Deinem Vater gesehen, wohin die Sucht führt, mehr als andere sein und schaffen zu wollen, wenn innere Begabung und tieferes Wissen dafür fehlt."

Der Senator schwieg und Alice ließ, wie immer, wenn an den Vater derart erinnert wurde, den Kopf sinken und weinte leise, unbemerkt vor sich hin.

Der Musikdirektor aber, der die Worte vernommen, sagte: „Muß man denn gleich alle Bäume des Gartens umhauen, wenn der eine vom Blitz getroffen oder von einem Wurm zerstört wurde? Schmähen Sie mir die Kunst nicht und am wenigsten die Alice, die der Sonnenstrahl unseres Hauses ist. Abgesehen davon, daß ich glücklich bin, dieselbe hier zu haben, mir so Gelegenheit wurde, die Dankbarkeit in etwas abzutragen, die ich Ihnen und dem Herrn Verdessen schulde, dafür, daß ich durch Ihre beiderseitige Fürsprache diese Stelle erhielt, die so ganz meinen Wünschen und meiner Neigung angemessen ist, ist es mir zugleich ein Hochgenuß eine Schülerin zu haben, wie die Alice mir eine ist. Was reden sie von Kunst und dereinstiger Künstlerleidenschaft oder Künstler= laufbahn! Es ist ein Unglück, daß Eltern und Ver= wandte Kinder und junge Leute von vornherein für dies und jenes Fach bestimmen und ihr Augenmerk auf diesen einzigen Punkt richten. Daher kommen die vielen verfehlten Existenzen der jetzigen Zeit. Kann aus der Rose jemals eine Lilie werden? So auch kann kein Mensch zu einem Künstler erzogen und herangebildet werden, wenn der Keim dazu nicht in ihm liegt! Es thut der Jugend nichts weiter not, als sich auszubilden nach allen Richtungen hin, zu lernen mit aller Kraft. Ob Alice jemals eine Künstlerin werden wird, vermag ich selber nicht zu sagen, ja ich zweifle zuweilen schon jetzt daran, darum aber bleibt sie mir doch meine liebe, liebe Schülerin, mein freund= licher, kleiner, guter Hausgeist."

Der Senator hatte seinen aufgestiegenen Unmut längst verbannt und überwunden, gutmütig sagte er, zugleich aufstehend und sich zum Abgehen anschickend: „Ich hätte es wissen können, daß ich bei Ihnen mit meiner Ansicht nicht durchkomme. Künstler sind nun einmal, wo es ihre Kunst betrifft, die eigensinnigsten, rechthaberischsten Menschen der Welt, mit denen man sich niemals in einen Streit einlassen muß. Aber ich bange ja auch nur um unsrer beider Schützling." Und die Hand wie segnend auf das Haupt der Alice legend, sagte er, zugleich davon gehend, wie als wolle er die in ihm aufsteigende Rührung verbergen und nicht sehen lassen: „Der Himmel behüte Dich und führe alles zum Guten!"

Brachte so der Besuch des Senators selten Freude und innere Beruhigung, so war dies, wenn die Elfriede kam, dagegen in erhöhtem Maße der Fall. Das junge Mädchen war ja auch ernst, mehr ernst, als sie es für ihre Jahre vielleicht hätte sein sollen; aber ihre gleich= mäßige Ruhe, ihre milde, wohlthuende Freundlichkeit, machte ihren Umgang zu einem wahrhaft erquickenden. Ihr Einfluß auf Alice war ein sichtbar guter.

Mit welchem Eifer saßen die beiden jungen Mädchen zusammen und studierten, mit welchem Ernst wurde dies oder jenes Buch gemeinsam gelesen. Und wenn sie es auch nicht verschmäheten dann und wann ein Modejournal in die Hand zu nehmen und sich über Kleiderstoffe, Anzüge und eine Haarschleife zu unterhalten, so geschah es doch immer mit Maß und das Richtige von dem Guten scheidend. Und überdies war namentlich Alice von einem angeborenen, künstle= rischen Schönheitssinn begabt, der sie auch das schein= bar Unbedeutendste zu dem Ganzen wohlgeordnet und geschmackvoll verwenden ließ. War Elfriede mehr von tieferem, ernsterem Wissen beseelt und durchdrungen, hatte Alice dagegen eine größere Begabung, alles künst=

lerisch, geschmackvoll darzustellen und anzuorden, während also die eine sich der anderen in bezug auf Studien, auf Können und Wissen unterordnete, geschah es, was Geschmack und Schönheitssinn betraf, wieder andererseits. So ergänzten und förderten die beiden jungen Mädchen sich gegenseitig. Alice hatte außer der Musik das Departement der Kleider und der Moden unter sich, stets besorgt, daß die Elfriede nicht wie eine Vogelscheuche einherging; während diese nicht Bücher genug herbei zu bringen vermochte, um Alice in Literatur und fremden Sprachen zu fördern. Wären die Wohnungen nicht so entfernt von einander gelegen gewesen, sie würden täglich zusammengekommen sein, so aber konnte es nur hin und wieder geschehen. Wenn es aber geschah, war es ein Fest für beide. Eines Sonntags jedoch wurde dies Fest ein besonders schönes. Die Kaspers kamen mit der Elfriede zugleich, der sich auch der Heinrich angeschlossen, und wenn dieser auch anfangs eine gewisse Scheu gegen Alice nicht unterdrücken konnte — hielt der Knabe sich doch mit für die Ursache, daß das Unglück in dem Hause Ver= beissen so rasch zum Ausbruch gekommen, weil er ver= raten, was er in der Nacht gesehen und bemerkt — so waren die alten Kaspers überglücklich, daß sie ihr liebes Fräuleinchen, ihre Alice einmal wieder hatten. Daß sie ihre schönsten Blumen mitgebracht, versteht sich von selbst, und daß der Kaffee, der ihnen von der

8*

Hand Alicens bereitet und vorgesetzt wurde, der
schönste war, den sie jemals getrunken, ist doch gewiß!
Sie kannten ihr liebes Fräulein ja von frühester
Jugend an, es war ihnen ja immer wie ein Sonnen=
licht in ihr einfaches Leben gewesen, wenn dasselbe
fröhlich singend, glücklich, kindlich vergnügt in ihr
Haus, oder ihnen sonst nahe getreten war. Auch war
der Vater, der Herr Verbessen, ihnen stets ein milder
gütiger Herr gewesen, wie hätten sie also da nicht mit
Liebe und Verehrung der Tochter zugethan sein sollen.
Freilich als sie sahen und bemerkten, daß ihr hoch=
verehrtes Fräulein nicht mehr die lebensfrohe, heitere,
kindliche Alice von ehedem war, sondern eben ein
Fräulein, wohl zu ihnen noch so lieb und gut wie
sonst, aber doch nicht mehr so zum Scherzen und zum
Frohsinn aufgelegt, da zog es auch durch ihre Brust
wie ein stilles Weh, sie erkannten, daß es doch alles,
alles anders seit jenem so plötzlichen, rätselhaften
Tode des Herrn Verbessen, und die alte Kaspers, die
Frau, konnte es in ihrer Gutmütigkeit, in ihrer Sorge
und Angst nicht lassen, ihr Alicechen zu umfassen und
ihr zu sagen, zumal als sie sah und bemerkte, daß
die Elfriede mit dem Heinrich das Zimmer verlassen:
„Mein liebes, liebes Kind! wie siehst Du so blaß aus,
Du lernst und arbeitest gewiß zu viel! Nach dieser
Seite hin werd' mir nicht wie die Elfriede, bewahr'
Dir Deinen frohen heitern Sinn, Dein glückliches

Lachen. Es macht froh und glücklich den, der es hört.
Die Elfriede ist ein gutes Kind, ein braves Mädchen!
Sie thut, was sie uns an den Augen absehen kann,
sie nimmt mir jede Arbeit ab, wo sie weiß und kann,
denn ich werde alt und schwach, und für meinen Kaspers
läßt sie es an nichts fehlen, aber so eine Tochter, wie
ich mir eine solche gedacht, ist und wird sie niemals.
Sie ist für ihre Jahre, Kind, zu grausam ernst. Sie
will zu sehr eine Gelehrte sein oder werden und das
gefällt mir nicht. Ein Mädchen und zumal ein so
armes Mädchen, sollte mehr am Waschfaß stehen und
sich mehr in der Wirtschaft zu thun machen und nicht
immer und immer über den Büchern sitzen. Freilich
sie ist ja ein Buchsetzer geworden, was. mir auch gar
nicht gefällt und ich nicht verstehe, wie es überhaupt
ein Mädchen werden kann, da wird ihr wohl der Hang
für die Bücher durch die Finger ins Herz gefahren
sein. Ich verstehe es nicht, woher sie diesen Hang
und Sinn hat. Wir hören und merken es oft, wie
sie die halben Nächte hindurch sitzt und arbeitet. Und
wenn sie so im Garten geht und sinnt, in Gedanken
verloren, dann denke ich oft, sie weiß es selber nicht,
daß sie noch auf der Erde ist. So eigentümlich schaut
sie aus, so daß man sich vor ihr fürchten könnt', wenn
man nicht andrerseits wüßt', daß sie auch wieder so
lieb, so gut, ein so folgsames Kind ist! Ich sage
nichts gegen sie, ich habe sie lieb, aber dennoch wünsche

ich, Du meine liebe, liebe Alice würdest nicht so ernst, so gelehrt wie die Elfriede es ist, oder sein möchte. Sie wird sich recht schwer Freunde erwerben, sie wird, fürchte ich, immer einsam im Leben stehen. Du aber, mein Liebling, sollst eben der Liebling aller sein, darum sei und bleibe froh, wie Du es bisher gewesen. Nimm es nicht übel, Alice, was ich gesagt, ich bin eine alte Frau und sage es, wie ich es verstehe und wie meine Liebe zu Dir es mir eingiebt. Sei mir darum nicht böse, Kind! Und der Elfriede sage nicht, was ich Dir gesagt."

„Ihr Bruder, der Heinrich, wird eingesegnet, er will und mag bei dem Doktor nicht bleiben, er will Gärtner werden und bei uns eintreten als Lehrling, was uns auch ganz'recht und lieb ist."

„Und nun, Kind, laß mich und den Kaspers wieder aufbrechen. Wir sind ein paar alte Leute, denen das Ausgehen nicht mehr gut ist, und die sich am wohlsten in ihren vier Pfählen fühlen. Der Heinrich wird uns begleiten; die Elfriede mag noch hier bleiben."

Der alte Kaspers, der überhaupt nicht viel auf Reden gab, hatte zu den Worten seiner Frau zumeist, als Zeichen seiner Zustimmung, genickt; jetzt aber, wo es zum Abschiede ging, war es doch, als könne er nicht länger schweigen, als müsse er auch ein Wort sagen und so sprach er denn, während er zugleich seine

schwielige, rauhe Hand dem jungen Mädchen hin=
reichte: „Ja, ja! Wir haben Dich ja gesehen und
auch gefunden, daß es Dir hier gut geht und Du bei
ordentlichen Leuten bist. Das ist uns ein Trost und
wir gehen beruhigt heim! So wie es früher war,
kann es ja doch niemals wieder werden! Ich habe
auch jetzt mein Brot, ich kann nicht klagen, aber Dein
Vater, Alice, ist der jetzige Herr mir doch nicht und
kann es mir auch niemals werden. Das macht, ein
alter Baum gewöhnt sich schwer an ein anderes Erdreich
und andere Umgebung. Und ich und meine Regine,
meine Frau, sind alt, aber wir haben unser Brot und
sind in unserm Häuschen, in dem wir so lange gelebt,
geblieben, dafür müssen wir Gott danken und können
es nicht genug. Du aber, mein Liebling, Du Herz=
blatt meines gütigen, seligen Herrn, Du kannst es noch
einmal so wieder bekommen, als Du es vordem ge=
habt. Und daß dies geschehen möge, dazu helf Gott!
Unseren Segenswunsch hast Du! Und nun ade Kind!
Es thut nicht gut, an Sachen zu denken, die geschehen
und nicht mehr zu ändern sind. Bleib frisch und froh!“

Und hastig, als fürchte er, daß die Rührung ihn
übermannen könne, nahm er seine Frau beim Arm
und eilte zur Thür zum Hause hinaus. Der Heinrich
folgte.

Alice sah den beiden alten Leuten mit umflortem
Blicke nach. Es war ihr ordentlich weh ums Herz

und nur als Elfriede, die die Kaspers ein Stückchen
begleitet hatte, wieder zurückkam und sich ihr anschloß,
war es, daß die Wehmut wich und die eigenen Erlebnisse und Herzensangelegenheiten wieder die Ober-
hand gewannen und den Mund überströmen machten.
Sie sagte: „Hat der Abschied von den Alten mich doch
fast ganz traurig gemacht und ich kann und darf und
soll doch nicht traurig sein, denn das verschleiert die
Stimme und macht dieselbe belegt, sagt Herr Valentin.
Ich weiß wohl, es ist nur ein Scherz und nur gesprochen, um mich nicht trüben Gedanken nachhängen
zu lassen. Und doch meine ich, daß ich hier, d. h. in
dieser Stadt niemals, niemals wieder froh und heiter
werden könne. Denn, Elfriede, laß es Dir, Dir
allein gesagt sein. Der Gedanke an den Vater und
an das, was durch ihn den armen Leuten geschehen,
macht mich fast wahnsinnig, macht mir den Aufenthalt hier auf die Dauer zur Unmöglichkeit. Immer,
immer fürchte ich einem dieser Leute zu begegnen, die
durch den Vater ihr Geld verloren. O, meine nicht
ich übertreibe, ich blicke zu schwarz — denn, denn
denke Dir, es ist fürchterlich, es macht mich krank,
wahnsinnig noch heut; als ich von meiner Privatstunde
kam, wo ich englisch getrieben, ging ein Mädchen
hinter mir, in zerrissenem ärmlichen Kleide, die rief
ihrer Mitschülerin zu, so daß ich es hören konnte,
hören mußte und auch wohl hören sollte: „Auguste!

siehst Du die vor uns, in dem hellen schönen Kleide? Das ist von unserm Gelde, um das ihr Vater uns betrogen."

„Das Übrige hörte ich nicht mehr und wie ich nach Hause gekommen, ich weiß es auch nicht. Warum that nur dies der Vater. Nur dies eine weiß ich, daß es fürchterlich ist, hier, hier zu leben, wo ich gleichem oder ähnlichem täglich ausgesetzt bin. Herr Valentin meinte, ich solle mich zu einer Musiklehrerin ausbilden, denn mich zur Konzertsängerin oder zu einer Klaviervirtuosin auszubilden, fehlten die Mittel und überdies sei es fraglich, ob meine Stimme so viel Kraft und Stärke zur Sängerin erlangen würde. In seiner Bescheidenheit meint er auch, er sei nicht befähigt genug, mich zur Künstlerin auszubilden. Als ob ich dies jemals werden könnte oder auch nur will. Freilich, freilich, so als Musik= oder Gesanglehrerin mein Leben zu fristen, dazu bin ich zu unruhig. Ich würde verkommen wie eine Blume, der es an Licht und Sonnenschein gebricht. Ich könnte nicht so ein= sam, so in ewiger Arbeit leben, wie Du Elfriede. Ich muß hinaus und weiß doch nicht wohin. Ich verstehe mich selber nicht! Am liebsten möchte ich etwas Großes, Schweres erreichen. Ich möchte vor einer Menge, vor einem großen Publikum stehen, um was, ja was nur, zu thun? Wer es wüßte! Und der Onkel Senator ist jeder künstlerischen Thätigkeit abgeneigt, er will selbst von meinem Klavierspielen, von meinem Singen nichts mehr wissen, er sagt, er bedaure es schon mich hierher gelassen zu haben. Er kommt deshalb auch fast gar nicht mehr. Und ich habe den Onkel Senator doch so lieb und gewiß noch lieber, wenn er weniger auf meine Musik und hin und wieder auf den Vater schmähete. Das sollte er nicht thun, es thut so weh!"

Herr Valentin, der Musikdirektor, trat herzu, und da er einen Teil der Rede wohl vernommen hatte, sagte er: „Es ist dies ein Mißgeschick, das die Kunst gemeinhin auf sich zu nehmen hat, und mit vollem Recht: „Kunst ist höchstes Können" und erfordert den ganzen Menschen! Und wer weiß bei solchen Anfängen immer zu sagen, ob die zu solcher Laufbahn nötigen Kräfte und Anlagen vorhanden? Auch selbst, wenn Gott in eine Brust den belebenden Funken der Kunst, den Hauch des Genies, den Keim zu einem Talent gelegt, ob auch Fleiß, Energie und Ausdauer da sind, wie sie zu einer Künstlerlaufbahn und um ein Künstler im besten Sinne des Wortes zu werden, notwendig. Mag derselbe nun Maler, Bildhauer, Musiker, Dichter, Schriftsteller oder Schauspielerin oder Sängerin heißen. Nur ein ernstes unausgesetztes Studium bis an das Lebensende macht den Meister. Der Künstler lernt niemals aus. Und darum ist auch niemand unglück= licher, elender als diejenigen, als die verdorbenen

Genies, als jene halben Talente, die bei geringer
Anlage, nach kurzem Anlauf, nach der ersten Blüte,
die sie hervorgebracht, schon glauben Meister zu sein
und des Studiums nicht mehr zu bedürfen. Nur was
man ganz, ganz kann, macht uns zum Arbeiten, zum
Schaffen geschickt. Darum, liebe Alice, wollen wir
zuerst und vor allen Dingen arbeiten und studieren.
Ist unser Streben von Erfolg gekrönt, werden auch
die weiteren Schritte sich für uns ebnen und die Mittel
zu fernerer Ausbildung sich finden. Wir wollen nicht
in den Fehler fallen, den so viele Eltern und Ver=
wandte begehen, die in jeder Klimperei, die die Tochter
zum besten giebt, schon eine Virtuosin ersten Ranges
heraushören und in jeder Zeichnung des Sohnes schon
einen zweiten Rafael erkennen. Darum wollen wir
auch dem Herrn Senator sein Mißtrauen in bezug
auf alles was Kunst heißt, nicht verargen, jeder
angehende Künstler wird anfangs mit scheelen Augen
angesehen und der Schmähungen erhält er mehr denn
zuviel; ist er ein Meister geworden, erreicht er wirk=
lichen Ruhm, beugt sich alle Welt und beeilt sich ihm
Kränze zu winden."

Die beiden Mädchen waren während dieser Worte
mehr denn still geworden, besonders die Elfriede schienen
dieselben tief in ihrer Brust zu bewegen. Endlich
sagte sie, hochaufatmend, wie aus tiefen Gedanken
oder einem Traum erwachend: „Sie belegen den Weg

eines Künstlers doch wohl mehr als gut mit Dornen! Wer möchte ihn zu wandeln beginnen? Und dann rechnen sie das Schaffen, ja das Ringen nach hohem Ziele für nichts? Liegt nicht im Streben, im Arbeiten schon ein hohes, ja das höchste Glück? Ist es mir doch, als würde unsere Alice dereinst ein wahrhaftige Künstlerin werden, sei es als Sängerin oder als Schauspielerin —"

Alice lachte auf. „Ha! ha! ha!" rief und lachte sie, „ich eine Schauspielerin, wohin denkst Du! Nein, ich muß lachen!" Ernster setzte sie hinzu: „Mein lieber Herr Musikdirektor, nicht wahr, für jetzt wollen wir auf die thörichten Reden der Elfriede gar nicht achten, sondern ich bleibe, was ich bisher gewesen, ihre dankbare und folgsame Schülerin."

„Wir wollen sagen", setzte der Angeredete hinzu: „Meine mir so liebe, talentvolle Schülerin! Und weil Du dies mir bist, werden sich ja auch Mittel und Wege finden, wenn Du meiner Schule entwachsen und ich Dich nichts mehr lehren kann, Dich bei anderen, größeren Meistern oder Meisterinnen ausbilden lassen zu können, zumal, wenn wir erst klar erkannt, wohin Talent und Anlage Dich weisen."

Elfriede sagte: „Mir will es scheinen, Herr Valentin, Sie meinen, die Alice sei bereits Ihrer Schule entwachsen oder werde es doch bald sein und Sie bangten nur, da Sie noch nicht wissen, welche

Wege ferner einzuschlagen oder wohin Sie die Alice zu bringen hätten. Abgesehen von den Mitteln, die dazu nötig."

„Ja, ja! die letzteren, die Gelder sind es ja eben, die mir zu schaffen machen", sagte der Musikdirektor sinnend, wie zu sich selber sprechend, und als er sah, daß Alice zurückgeblieben und sich an ihrem Blumen= beete zu thun machte. „Wäre ich reich oder nur etwas vermögend, ich würde Alice noch ein oder zwei Monate ausbilden und dann nach München in das Institut der Madame Garcia senden, die selbst bereinst eine berühmte Sängerin und Schauspielerin war und jetzt sich der Ausbildung junger Talente gewidmet hat. Dort wäre Alice in einer guten Schule und sie selbst wie ihre Lehrerin würden erkennen und finden, wozu die Anlage vorhanden. Ich kann und vermag hier nicht zu entscheiden. Doch dies sind Gedanken, die mich freilich schwer berühren und die ich anstehe laut werden zu lassen. Woher die Mittel zu fernerer Ausbildung nehmen. Man würde für den Anfang wenigstens 6 bis 900 Mark bedürfen. Woher diese nehmen?"

„Ja wohl! woher die nehmen!" seufzte Elfriede aus tiefster, tiefster Brust. „O wer doch reich wäre!"

Alice kam herzu und der Gegenstand des Gesprächs wurde nicht weiter berührt.

Bald darauf trennte man sich. Elfriede eilte nach Hause und die Zurückgebliebenen musicierten zusammen noch ein Stündchen, vielleicht, weil niemand von beiden die Gedanken mochte laut werden lassen, die in ihrem Innern wogten und sie still und sinnend machten.

8.

Das Leben unserer Bekannten ging in gewohnter
Ordnung und Stille fort. Alice übte fleißig
und der Musikdirektor hatte oftmals Ursache und
Mühe zu zügeln, damit die Gesundheit des Körpers
durch diese Anstrengung und diesen übergroßen Eifer
nicht untergraben werde. War es die Musik doch
nicht allein, die ihre Zeit in Anspruch nahm; auch die
übrigen Wissenschaften, Sprachen und deutsche Literatur=
geschichte wurden, mehr denn nur zu sehr, noch von ihr
getrieben und gepflegt. Es war eine Festigkeit, eine
Energie ihr zu eigen geworden, die weit über ihre
Jahre hinausging und denselben voraus geeilt war.
Es war eine förmliche Frühreife über sie gekommen,
die, da dieselbe gemeinhin in spätere Erschlaffung und
körperliche und geistige Ermattung umzuschlagen pflegt,
das ärgste befürchten ließ und das Herz des Musik=
direktors mit Sorgen erfüllte. War das junge
Mädchen, die Alice, doch nicht allein der erklärte
Liebling seiner Frau, der Sonnenschein des Hauses
gleichsam, sondern auch des Mannes verzeihlicher

Stolz, des Musikers hochbegabte Schülerin. Und zu diesem allen kam noch, daß er alles was er that, nur als einen Akt der Dankbarkeit betrachtete, die er dem verstorbenen Vater der Alice schulde, da er durch dessen Fürsprache zumeist seine jetzige Stellung er= halten habe. Daß es zugleich und vor allen Dingen, seine Fähigkeiten, sein Talent gewesen, die ihm den Sieg über seine Mitbewerber verschafft, fiel ihm zu denken, in seiner Bescheidenheit und künstlerischen An= spruchlosigkeit, nicht ein. Er war und lebte der Ansicht, daß er gegen die Tochter des Verstorbenen sich niemals erkenntlich genug beweisen könne, und wenn ihm nun, wie hier, seine Dankbarkeit zugleich wieder durch solchen Fleiß, solche Anlagen und Erfolge belohnt wurden, so war dies eine Freude, ein Glück, das ihn nur zu glücklich und zufrieden machte. Genug es herrschte in dem Hause ein so schönes häusliches Stillleben, ein künstlerisches Streben allerseits, wie es nicht schöner gedacht werden konnte. Und gewiß! es würde diesen Himmel keine Wolke getrübt haben, wenn Herr Valentin nicht ob der Zukunft seines Lieblings, sowohl in körperlicher, wie künstlerischer Hinsicht gebangt hätte. Daß Alice binnen kurzem sein Haus verlassen müsse, um ihre Ausbildung, sei es nun nach welcher Richtung hin es wolle, zu vervollkommnen und zu vollenden, stand fest bei ihm, aber über das wo und wie und wohin konnte er nicht mit sich einig werden. Es fehlten die Mittel zur ferneren Ausbildung, er wußte nicht, woher dieselben zu beschaffen. Er selbst war nicht vermögend genug dazu, und der Senator hatte mit sich zu thun und der Sorgen mehr denn übergenug, wie derselbe denn auch, selbst wenn er es gekonnt hätte, niemals Geld zu solchem Zwecke würde herge= geben haben. War er doch der Ansicht, daß Alicens Vater nur durch seinen falsch verstandenen, über= triebenen Hang zur Kunst und zu allem, was mit derselben in Verbindung hing, zu seinem Fall und Unglück gekommen sei, und so hatte er einen förm= lichen Groll auf alles bekommen, was nur mit dem Namen Kunst im entferntesten zusammenhing. Ja selbst dies Musicieren der Alice war ihm schon verhaßt und er mied dieserwegen schon seit längerer Zeit fast gänzlich das Haus und verhehlte seinen Unmut, in bezug auf diese Sache in keiner Hinsicht! Wie wäre unter solchen Umständen also nur daran zu denken gewesen, von dort her Geld und Unterstützung zu er= halten. Nein! man war im Gegenteil überzeugt, daß man dies ganze Vorhaben vor dem Senator verheim= lichen müsse, dasselbe nur wider seinen Willen in Ausführung bringen könne. Aber wie? Alice äußerte sich wenig und nur höchst selten darüber, aber man fühlte es aus allem heraus, daß dieser Gedanke sie Tag und Nacht beschäftige, daß sie um dieses Ge= dankens willen, mehr denn je arbeitete und sich selber

niemals genug thun konnte. Und zu allem diesem
kam noch, daß sie sich immer noch nicht selber klar
war, wohin Talent und Fähigkeit sie wiesen. Und
weil sie darüber hier niemals glaubte endgiltige Ent=
scheidung erlangen zu können, so war ihr ganzes
Streben nach auswärts gerichtet. Sie wollte fort
und wäre es auch nur um Gewißheit und so Ruhe zu
erhalten. Mit zu diesem allem trugen auch jene Worte
noch bei, die damals, an dem Tage, wo die Kaspers
gekommen waren, von seiten des Musikdirektors über
Kunst und Anlagen zur Kunst geäußert worden waren,
der geäußerten Gedanken der Elfriede nicht zu ver=
gessen. Die Worte hatten in der Brust Alicens einen
Nachhall geweckt, der sie immer rege erhielt, und sie
niemals wieder so recht zur Ruhe kommen lassen
wollte. Zu diesem kam noch, daß Elfriede, der sie
sonst wohl ihre Gedanken und Zweifel mitgeteilt hätte,
wodurch vielleicht ihr Ruhe gekommen wäre, jetzt
seltener und seltener kam. Die alte Kaspers war
erkrankt, ernstlich krank geworden. Elfriede, von kind=
licher Sorge und dankbarer Pflicht getrieben, hatte
ihre Beschäftigung als Schriftsetzerin vorläufig auf=
gegeben und sich gänzlich der Pflege der Kranken und
der Häuslichkeit gewidmet. Sie war in der Küche
und in der Wirtschaft thätig und umsichtig, als hätte
sie niemals anderes und besseres getrieben. Sie war
eine jugendliche Hausfrau, eine Krankenpflegerin im

besten Sinne des Worts und die Kaspers, die Frau,
die sonst und früher so manches an dem jungen
Mädchen auszusetzen hatte, segnete jetzt ihren Eingang
in ihr Haus und fühlte, daß eine leibliche Tochter
niemals besser und gütiger um sie hätte besorgt sein
können, als es die Elfriede um sie und für sie war.

Es zeigte sich auch hier, daß jede gute That in
sich selbst den besten Lohn und dereinstige Anerkennung
findet. Elfriede war ein Glück, ein Segen für das
Kaspersche Haus geworden!

Eines Tages nahm Elfriede Hut und Mantel
nicht sowohl um einige Einkäufe und Besorgungen
auszuführen, als auch um ein wenig ins Freie, in
die Luft zu kommen. „Geh Du nur," hatte die alte
Kaspers gesagt, „ich befinde mich ganz wohl und Du
kannst wegen meiner ohne Sorgen sein. Dir aber
thut Luft und Bewegung Not. Du bist ein förmlicher
Stubenhocker geworden, nun Du nicht mehr zu Deiner
Druckerei gehst und an Deinem Setzkasten hantierest.
Und mit mir kranken Person hast Du auch Deine
Mühe und Last. Das möcht nun noch gehen und ich
denke, wenn ich hinüber bin, wirst Du meinen alten
Kaspers auch nicht verlassen, sondern ihm, als gute
Tochter, die Wirtschaft weiter führen, wie Du sie jetzt
führst. Was Dir der liebe Gott segnen und lohnen
möge. Sei still! Ich weiß, was Du sagen willst!
Du meinst, Du thätest nur Deine Pflicht, Deine

9*

Schuldigkeit, Du wäreft uns Dankbarkeit schuldig und an meinen Tod solle und müsse ich nicht denken. Kind, Kind! man muß auch daran denken und es ist gut, wenn man es thut. Ich weiß, wie es mit mir steht, aber ich sterbe ruhig, nun ich meinen Kaspers in guten Händen weiß; er wird seine Ordnung haben, ich hab's ihm gesagt, und ihm auch gesagt, daß er für Dich sorgen solle, damit Du auch nach seinem Tode nicht gänzlich mittellos und verlassen daftändeft. Wir haben keine eigenen Kinder, der Himmel wollte es nicht, daß wir sie haben sollten. Du bift mir und dem Kaspers eine gute Tochter, wie sie eine leibliche nicht uns beffer hätte sein können, und wie ich es bei Deinem Ernst und Deiner Abgeschlossenheit, anfangs nicht erwartet und für möglich gehalten. Doch wie der liebe Gott der Blumen so verschiedenartige gedeihen und blühen läßt, so hat er auch die Außenseite der Menschen gar mannigfaltig gestaltet. Du bift ein eigen geartetes Mädchen, aber uns eine gute Tochter, und dafür möge Dirs im Leben einmal gut gehen! Jetzt aber mach', daß Du hinaus kommst, siehst mir schon ganz bleich und verfallen aus, würde mir Sorge und Vorwürfe darüber machen, wenn ich denken müßt, daß Du mit mir und der Wirtschaft der Laft zu viel gehabt; aber nicht das ifts, sondern Dein unsagbar vieles Arbeiten, dort droben auf Deinem Zimmer. Bift ja niemals vor Mitternacht ins Bett gekommen,

was ich gehört, wenn Du auch noch so leise droben
gegangen. Alte Leute schlafen nicht viel und niemals
fest. Ich verstehe nicht, was Du treibst, denn ich bin
eine einfache, ungelehrte Frau, die über ihre Bibel,
Gesangbuch und allenfalls noch den Kalender, um den
Mondschein und die Witterung nachzusehen, nicht
hinaus gekommen ist, ich verstehe also nicht was Du
an den Büchern hast, aber Du hast selbst dergleichen
als Setzerin hergestellt und so wird die Bücherei wohl
durch die Finger ins Herz gekommen sein. Na sieh!
hab ich doch so viel geschwatzt, wie fast noch nie und
Dich von Deinem Ausgehen abgehalten. Nun aber
geh und lauf und komm mir mit frischen, gesunden
Backen wieder! Geh, geh, mein Kind!"

Und die Elfriede ging. Während sie nun ihren
Weg zur Redaktion der Zeitung des Doktor Arnulf
nahm, um den Bruder, den Heinrich einen Augenblick
zu begrüßen, trat ihr der Doktor, nicht fern des
Hauses, aus einer Seitenstraße kommend, entgegen.
Das junge Mädchen erkennend, trat er an sie heran
und sagte: „Willkommen! hab' ich Sie doch in so
langer Zeit nicht gesehen! Was macht die Kaspers?
Fast möchte ich der alten Frau und ihrer Krankheit
zürnen! Ist letztere doch die Ursache, daß Sie als
Setzerin aus unserer Offizin geschieden und ich nun
mit den anderen Setzerinnen meine Plage und Not
habe. Sie dachten bei Ihrer Arbeit auch an Inhalt

und Sinn dessen, was Sie zu setzen hatten, darum
hatten Sie auch stets der Fehler so wenige in Ihrem
Satz. Jetzt ist es anders, ich habe meine Not! — Und
nun wird mich der Heinrich nächster Tage auch ver=
lassen. Ich glaubte, er würde Gefallen an unserem
Treiben finden, aber er hat seinen Sinn nur auf die
Gärtnerei gerichtet. Und ich glaub', es ist gut. Er ist
ein stilles, sinniges Gemüt und wird dort ganz an
seinem Platze sein!"

Elfriede atmete sichtbar auf und sagte: „Wie
freut es mich, dies von Ihnen zu hören! Fürchtete
ich doch, daß Sie mir und dem Bruder zürnen
möchten, daß wir Ihre Güte, die Sie mir und
namentlich dem Heinrich so vielfach bewiesen, mit
Undank lohnten!"

„Undank?" lachte der Doktor verwundert. „Ist
es Undank, daß der Knabe keine Neigung zur Presse
und zu unserer Zeitung hat? Liebe Elfriede, es ist
ein Glück und Segen, wenn ein Mensch das wird,
wozu er Neigung und Talent hat."

„Sie sagen das, als ob Sie der Fälle so viele
erlebt, wo dies nicht der Fall!"

Der Doktor schwieg auf diese Zwischenrede einige
Zeit, endlich sagte er: „Wer hätte wohl Gelegenheit
solcher verfehlter Existenzen mehr zu begegnen, als wir
Redakteure! Wie viele glauben sich berufen, als
Schriftsteller aufzutreten und sehen in dieser vermeint=

lichen Berufung ein unsagbares Glück — bis die meist
unausbleibliche Täuschung sie elend macht und sie zum
Abgrunde führt. Glauben Sie mir, es erfaßt mich
fast regelmäßig ein Schmerz, wenn ich zum erstenmal
einen mir bis dahin fremden und unbekannten Namen
unter einem Manuskript oder auf einem Titel eines
Buches finde. Zu nichts in der Welt gehört mehr
Mut, Ausdauer und Talent, als zu einem deutschen
Schriftsteller!"

Elfriede glühte auf, fast erschreckt rief sie: „Aber
mein Gott! Sie sagen dies mit einem Ernst, einer
Entschiedenheit, daß man ja niemals eine Feder an-
setzen möchte, fürchtend, man könne verlockt werden
auch eine Zeile für den Druck zu schreiben. Bedenken
Sie denn nicht, daß bei solcher Ansicht, zumal
wenn dieselbe allgemein würde, den Setzerinnen, und
also auch mir das Brot entzogen würde. Haben Sie
denn in diesen Tagen so trübe Erfahrungen der Art
gemacht? Ist irgend wo ein neuer, Ihnen unbekannter Name aufgetaucht? Ich dachte mir immer —"

„Denken Sie nichts," fiel lachend der Doktor ein.
„So ist der Mensch, ich sollte mich freuen und werde
doch zu einem Misantropen. Erhalte ich da vor etwa
acht Tagen ein ziemlich umfangreiches Manuskript,
einen Roman, mit der Post zugesendet, mit der naiven
Aufforderung, das Werk gütigst innerhalb acht Tagen
zu prüfen, und wenn des Druckes und der Aufnahme

wert, doch das Honorar, und man war eben nicht sehr
bescheiden, postlagernd unter der und der Adresse, die
natürlich eine fingierte war, einzusenden. — Im ersten
Augenblick, als ich dies las, hab ich hell aufgelacht,
denn der Brief zeigte eben von gänzlicher Unkenntnis
unserer Preßverhältnisse, wo bekanntlich die Manuskripte
oft Monate lang, ja Jahre lang liegen, ehe eine Ent=
scheidung getroffen wird, die dazu in den meisten
Fällen noch eine ungünstige, ablehnende ist, was
oft schon die Überfülle des Eingesendeten bedingt.
Nun, wie gesagt, hier reizte mich die Naivität, mit
der man ein solches Verlangen an mich stellte, zu so=
fortigem Indiehandnehmen des Manuskripts, wozu
vielleicht auch der Schluß des Briefes mich veranlaßte.
Man schrieb mir nämlich, daß das Geld zu einem
höchst wohlthätigen Zwecke verwendet werden solle,
man dadurch wohl eine Seele retten und unendlich
Gutes stiften könne. Genug ich las —“

„Und Sie haben es bereut gethan zu haben?
Das Werk war schlecht!“ fiel Elfriede mehr als erregt
ein, so daß der Doktor verwundert aufsah und staunend
fragte: „Woraus schließen Sie das? Im Gegenteil,
das Werk, wenn auch in jeder Zeile den Anfänger
verratend, zeigte doch auch wieder so viele Spuren
echten Talents, daß ich mich zur Annahme entschied,
ehe ich noch die letzte Zeile zu Ende gelesen!“

„Da waren also demnach Ihre Worte nicht so

böse gemeint, als man glauben sollte", entgegnete
Elfriede nach einigem Sinnen. „Es muß doch auch
wieder Freude bereiten, Talente zu finden und aufzu=
muntern. Sie haben also auch wohl bereits das
Honorar gezahlt, vielleicht eigenhändig den Brief zur
Post befördert, denn ich meine es Ihnen anzusehen,
daß es geschehen. Die Freude Gutes gethan zu haben,
liegt noch auf Ihrem Gesicht! Darf man denn aber
auch nun wissen, wie dies aufgehende neue Gestirn am
litterarischen Himmel heißt?"

Das junge Mädchen rief die letzteren Worte
lachend, während es zugleich die aufgegangenen Hut=
bänder wieder zuknöpfte und das Gesicht dabei ein
wenig abseits bog; vielleicht auch um die verräterische
Röte nicht bemerkbar werden zu lassen, die ob ihrer
Frage in ihr widerwillig aufgestiegen.

Der Doktor sagte: „Die Neugier der weiblichen
Natur verleugnet sich also auch bei Ihnen nicht, ob=
wohl Sie sonst so ernst und so wenig neugierig mir
bisher erschienen. Um so mehr muß ich bedauern,
Ihre Frage nicht genügend beantworten zu können.
Der Name des Verfassers „Eugen Marlow" oder
sagen wir lieber der Verfasserin, denn eine weibliche
Feder hat unverkennbar das Ganze verfaßt, ist natürlich
fingiert. Ob die jugendliche Verfasserin — denn auch
jung, noch sehr jung muß dieselbe sein — für die Folge
Bedeutenderes leisten wird, müssen wir abwarten, und

wird ihr zweites Werk zeigen, was gewiß nicht lange
auf sich warten lassen wird; wie ich es denn auch
nicht an einer Aufmunterung habe fehlen lassen. Auch
der Abbruck des heutigen Werks wird so bald als
möglich erfolgen. — Doch hier sind wir ja am
Redaktionsbureau. Sie entschuldigen mich, wenn ich
Sie hier verlasse; die Pflicht ruft. Ich sende Ihnen
den Bruder hinaus; er kann Sie auf Ihrem Spazier=
gange begleiten!"

Mit diesen Worten wollte der Doktor ins Haus.
Doch Elfriede hielt ihn zurück, indem sie in Hast sagte
und sich dann in Eile zum Gehen anschickte: „Bitte
bitte, Herr Doktor, thun Sie dies nicht. Ein ander=
mal! Grüßen Sie den Bruder! Ich habe mich bereits
zu lange aufgehalten. Ich verschiebe meinen heutigen
Spaziergang. Mich erfaßt die Angst, die Kaspers
könnte kränker geworden sein! Abe!"

Und damit eilte sie davon, so daß der Doktor
ihr einen Augenblick verwundert nachschaute und ins
Haus tretend, zu sich selber sagte: „Ist das Mädel
krank; oder welch eine Unruhe hat sie erfaßt?"

Einige Tage darauf, der Abend war schon an=
gebrochen und die Lampe brannte bereits im Zimmer
der Kaspers, die alte Frau schlief, der Mann sortierte
Samen aus und die Elfriede saß und las in einem
Buche, that sich die Thür auf und Alice trat, in Hast
und hochrot im Gesicht vom schnellen Gehen, ein.

„Ich konnte nicht abreisen," rief sie, „ehe ich Euch
alle nicht noch einmal gesehen. Bei Tage mochte ich
mich hier nicht blicken lassen, ich mag, ich will nichts
sehen und so habe ich die Dunkelheit abgewartet. O,
es ist fürchterlich, ein Haus, einen Garten betreten zu
müssen, wo man als Kind gespielt, so glücklich war
und nun kein Recht mehr hat seinen Fuß hierher setzen
zu dürfen, noch sogar fürchten muß, beschimpft und
verspottet zu werden, weil — weil —"

„Aber ich will und mag nicht daran, nicht an
des Vaters Tod denken, noch an das, was darauf
folgte. Ich reise ja weit, weit fort und wer weiß
ob ich Euch noch einmal wieder sehe. Auch weiß ich
kaum, ob ich mich freuen oder ob ich traurig sein soll.
Aber so ist es wohl immer! Wie habe ich mich
darnach gesehnt, von hier fort zu kommen, trotzdem
ich es im Hause des Herrn Valentin so überaus gut
hatte, besser als ich es wohl jemals wieder bekomme.
Ja, ich habe mich über meine Undankbarkeit, die darin
lag, selber geärgert und mir Vorwürfe gemacht, und
nun es geschieht, nun ich reise, bin ich verzagt und
mutlos! Doch Ihr wißt ja nicht, wie alles gekommen
und so rasch gekommen. Hört also: Daß mein lieber
Herr Musikdirektor es schon lange geplant mich fort-
zuschaffen, weil er meint, ich sei seinem Unterrichte
entwachsen, was zu glauben ihm wohl nur seine Bescheidenheit eingiebt oder vielleicht sagt er es auch nur,

weil er glaubt, daß die hiesige Luft mich zu Boden
drücke. Wißt Ihr, er sagt, ich müsse fort, damit ich
mir selber klar würde, wohin Lust und Anlagen mich
drängen. Auch ist er der Ansicht, daß ich versuchen
müsse, einmal in einem Konzert zu singen, um zu
sehen, ob die Brust und die Stimme kräftig genug,
was ich doch hier niemals wagen und unternehmen
würde. Des Onkel Senators nicht zu gedenken, der
dadurch mehr Schmerz als Freude empfinden würde.
Herr Valentin hat also, wie gesagt, sich lange schon
gesorgt mich fortzubringen, auch mit der Madame
Garcia in München vielfach Briefe dieserhalb gewechselt,
ohne jedoch zu einem Resultate zu kommen, denn es
fehlte am besten — an Geld. — Und nun denkt Euch
unser Erstaunen, unsere Freude, es war wie im
Märchen: Tischchen decke dich! wir hatten soeben noch
über das Ganze gesprochen, ich ließ den Kopf hängen
und der Musikdirektor bedauerte, daß er nicht reich
sei, da klopft es, der Briefträger tritt ein und über-
bringt uns, denket Euch, sechshundert Mark mit der
Weisung, dieselben zu meiner ferneren Ausbildung zu
verwenden!"

Die alte Kaspers, die erwacht war, sich auf=
horchend leise in die Höhe gerichtet hatte, faltete die
Hände und sagte: „Es giebt doch noch immer gute
Menschen! Gott segne den edlen Menschen! Wer
aber ist es?"

„Ja!" rief Alice, während Elfriede noch immer, wie in einem Traume befangen, sich still im Hinter= grunde, im Dunkel hielt, „das ist auch wieder das Merkwürdige, gerade wie ein Märchen, ein Name stand nicht im Briefe und die Handschrift war, wie man deutlich sah, mit Absicht verstellt. Wer es auch sei, ich werde mich dankbar dadurch beweisen, daß ich dem Geber Ehre zu machen suchen werde. Er will ja auch später, wie er schreibt, später, so nötig und so Gott will, mehr zahlen. Morgen nun soll ich schon fort. Denn wie es zu gehen pflegt: ist erst ein Stein gefügt, folgen die übrigen wie von selber nach. Eine Dame, eine Fremde, die Herr Valentin in einem vornehmen Hause, wo er Unterricht erteilt, kennen gelernt, ist mit der Garcia befreundet, und reist morgen direkt nach München. Was ist natürlicher, als daß ich sofort mit muß, zumal die Dame sich zu dieser Freundlichkeit selbst erboten. Aber Elfriede, was ist nur mit Dir, Du sitzest so stumm, freust Du Dich nicht, daß ich am Anfang meiner Wünsche stehe, daß ich fort, fort kann?"

„Und darüber soll ich mich freuen?" entgegnete die Angeredete gezwungen lachend. „Daß ich Dir dies Glück von ganzem Herzen gönne, darüber bedarf es wohl keiner Worte, wie Du mich auch genugsam kennst, um zu wissen, daß ich fern von jedem Neide bin; aber Du gehst und ich, ich bleibe einsam zurück und habe nun niemand mehr, mit dem ich mich

gemeinsam freuen und arbeiten kann, dem ich meine
kleinen Leiden, meine Freuden klagen und anvertrauen
kann. Es wird recht still, recht einsam für mich sein."
Doch wie, als fühle sie nun erst, daß in ihren Worten
für die Kaspers ein Hauch von Schmerz liege, der an
Undank und Lieblosigkeit gegen dieselben streife, eilte sie
zum Bett, umfing die Kranke und sagte: „Verzeihung!
es ist unrecht gegen Dich so zu sprechen! Nein, nein!
Alice! reise Du nur und der Himmel möge Dir Glück
bescheren, wie ich Dir dasselbe von ganzem Herzen
wünsche. Ich bin nicht allein, ich bin nicht einsam,
denn ich habe Dich, meine Mutter, denn Du bist mir
in Wahrheit eine zweite Mutter, Dich will ich pflegen
und der Himmel möge mein Gebet erhören, Dich recht
bald wieder gesund zu sehen! Mutter! Verzeihe mir
die Worte, die ich vorhin laut werden ließ."

Elfriede war am Bett auf die Knie gesunken.
Die alte Frau legte ihre Hände wie segnend auf ihr
Haupt und sagte: „Wie soll ich Dir zürnen und böse
sein! Ist Dein Wunsch, die Alice hier zu behalten,
doch so einfach und natürlich. Die Jugend muß sich
zur Jugend halten, und Du hattest niemand bisher
als unsere liebe Alice. Aber gönne derselben ihr
Glück." Und ihre Hand der herzugetretenen Alice
hinreichend, sagte sie: „Meinen Segen, Kind, hast Du.
Möge es Dir gut gehen, Du wirst brav und recht=
schaffen bleiben und dereinst glücklich und zufrieden

zurückkehren. Und nun geh mit Gott, mein Kind! Die Elfriede möge Dich ein Stückchen noch begleiten. Ich bin müde, ich will schlafen, bald wirds, ich fühl's, der letzte Schlaf sein! Weine nicht, Kind! Der liebe Gott macht alles gut und dieses auch ist gut. Leb' wohl und vergiß uns nicht ganz!"

Alice vermochte vor Wehmut und Schmerz nicht zu reden, sie umfing die alte Frau, drückte einen Kuß auf ihre Lippen, reichte dem alten Kaspers stumm die Hand, und schritt, von der Elfriede gefolgt, still zur Thür hinaus.

Die beiden alten Leute sollten sie in diesem Leben nicht wieder sehen. Die Kaspers starb bald darauf. Elfriede führte dem alten vereinsamten Manne die Wirtschaft weiter. Er würde sich noch einsamer, ver= lassener gefühlt haben, wenn nicht, wie gesagt, Elfriede seine Häuslichkeit besorgt hätte und deren Bruder, der Heinrich, als Lehrling in das Geschäft eingetreten wäre. Der Knabe war ein überaus anstelliger und dabei ein heiterer Bursche, so daß er nur zu bald der Liebling des Alten wurde, mit Ausnahme der Elfriede, die ihm über alles ging.

Und er hatte wohl ein Recht dazu, denn er hätte keine bessere, keine liebevollere Stütze und Pflegerin haben können, als diese war. Elfriede war mehr denn zu häuslich. Ihre größte Freude war ein Besuch in das Haus des Musikdirektors. Dort konnte sie von

Alice sprechen, und war nun gar wieder einmal ein Brief von derselben gekommen, sei es an den Herrn Valentin oder an Elfriede, dann war die Freude beiderseitig groß und es gab viel, viel zu sprechen. Auch zu Herrn Doktor Arnulf ging die Elfriede zu= weilen, um sich dies oder jenes Buch zu erbitten, auch wohl einen Rat zu holen, doch geschah dies nur selten vereinzelt. Sie war und blieb eine einsame Natur.

9.

Ein Brief war gekommen. Alice schrieb erst nach Monaten.

Elfriede, meine liebe, liebe Elfriede! zürne mir nicht, daß ich nicht früher geschrieben, sondern erst nach jenen flüchtigen Zeilen an Herrn Valentin, in welchen ich meine glückliche Ankunft hieher gemeldet, diesen Brief folgen lasse, aus welchem Du unserm lieben Musikdirektor die nötigen Mitteilungen machen wirst. Seid ihr in dieser Hinsicht doch Eins und was ich schreibe, ist doch zumeist und zugleich für Euch beide geschrieben. Denn, — laß es mich nur gestehen, wenn ich auch von Euch Tag um Tag einen Brief haben möchte und auch, das Kleinste nicht ausgenommen, gern wüßte, wie es daheim steht, was Du machst und treibst, wie es den Kaspers sowie Herrn Valentin und seiner Frau geht, denn jetzt, wo ich fern bin, fühle ich erst, was uns die Heimat ist und bleibt — werde doch ich recht selten schreiben. Aber glaube nicht aus Mangel an Liebe zu Dir: Nein! nein! Das glaubst Du nicht! Sondern nur — weil ich nicht Zeit habe, weil ich zu viel, zu viel lernen muß und nach diesem des Abends zu müde bin. Siehst Du, da werde ich Dir und Euch Lieben daheim wohl nur schreiben, wenn mir das Herz zu voll; sei es nun vor Wehmut und Schmerz, oder wenn ich vor Freude aufjauchzen muß. Und das wird doch auch kommen! Gewiß! Nicht wahr, meine liebe, liebe Elfriede! Madame Garcia ist eine sehr würdige, respektable Dame. Sie war ehedem, erschrick nur nicht und — laß es auch den Onkel Senator nicht wissen, Schauspielerin. Und zwar eine nicht unberühmte. Jetzt hat sie, -- man möchte es eine Theaterschule nennen — junge Mädchen, denn mit mir sind noch vier andere junge Mädchen im Institut — um sich, die sie ausbildet, sei es nun für die Bühne oder für den Konzertsaal, je nachdem Neigung und Talent vorhanden. Ich bin die jüngste von allen, der Irrwisch, wie ich genannt werde, weil ich selber nicht weiß, was ich will und werden möchte, und ebenso Madame Garcia noch darin schwankt, was sie mit mir anfangen soll. Ich glaube, daher kommt es auch, daß ich so grausam viel lernen muß! Oder thue ich dies alles selbst aus eigenem Antriebe? Ich singe, als ob ich eine zweite Malibran oder Patti werden sollte, während ich doch andern Tags wieder in einem kleinen Stück mitwirke, das wir unter uns selbst aufführen, und wo dann, nachdem wir dasselbe vielfach geübt, Madame Garcia mit einigen Herren

und Damen, zumeist Schauspieler und Schauspielerinnen,
das Publikum ausmachen. Nicht wahr! das hört sich
recht hübsch an! Aber wie viel des Studiums bedarf
es, ehe wir so weit, bis zur Aufführung kommen!
Und wenn es geschehen, wie viel giebt es zu meistern
dann! Gewiß, liebe Elfriede, von Tag zu Tag sehe
ich es mehr und mehr ein, daß es doch recht, recht
schwer ist, Künstlerin zu sein! Ich verzage oft und
weine auch oft, recht, recht sehr! aber nur wenn es
niemand sieht. Freilich, wenn dann wieder Madame
Garcia kommt, nachdem ich ein Lied gesungen, eine
Sonate vorgetragen oder eine kleine Scene dargestellt
und mir die Wange streichelt; oder wohl gar sagt:
Brav! nur Mut! O, Du glaubst nicht, wie dann das
Herz mir schwillt und alle Anstrengung, alle Sorge
und Angst vergessen ist. Aber werde ich denn auch
dereinst was Ordentliches sein? O, Elfriede! sage es
niemand, niemand! was ich vorhabe; daß ich für
mein Leben gern eine Schauspielerin, d. h. eine recht,
recht berühmte werden möchte. Sage es niemand!
Bin ich es geworden, komme ich zu Dir und Du sollst
mich auf den Brettern sehen, nicht als Alice Verdessen,
denn das vermöchte ich nicht; sondern unter einem
fremden, angenommenen Namen. Werde ich nichts,
dann — dann siehst Du mich, Deine Alice, die Dich
so lieb hat, niemals wieder! —

Sängerin werde ich nicht und Madame Garcia

10*

fängt an, derselben Ansicht zu sein. Meine Stimme ist für ein Opernhaus, für einen großen Konzertsaal nicht stark genug; ich würde, in übergroßer Anstrengung mich bald zu Grunde richten, und überdies ist ein ewiges Drängen in mir, diesen und jenen Charakter darzustellen, diese oder jene Figur gleichsam plastisch zur Ausführung zu bringen. Furcht und Angst verläßt mich, sobald der Moment der Darstellung gekommen, wie dies auch damals als der Prinz Leopold kam, der Fall war, wogegen beim Singen, beim Klavierspielen eine gewisse Beklommenheit mich nicht verläßt. Denke aber nicht, daß ich mich bereits als Schauspielerin fühle. Glaube es nicht! Findet sich doch auch hier so selten ein wirkliches Talent, wie Madame Garcia mir dies täglich sagt und meine Mitstrebenden mir es nur zu deutlich zeigen. Von ihnen allen, mit Aus= nahme der einen, wird keine sich einen Namen machen. Wie es selten einen Mozart und Göthe giebt, so taucht auch ein wirkliches schauspielerisches Talent nur selten auf. Ich habe es gelesen: Kunst ist eben höchstes Können! Und nur wenigen Sterblichen ist die Gabe dazu verliehen! Darum sage niemand, was ich denke und will! Ich bilde mich hier zur Lehrerin aus! Das sage! Und nun denke, was mir neulich hier begegnet und mich wohl zaghaft und mutlos machen muß; zu tiefem, ernstem Nachdenken, zur inneren Prüfung auffordernd!

Wir, d. h. Madame Garcia und die übrigen
Eleven, meine Wenigkeit dazu gerechnet, machen einen
Ausflug nach einem nahegelegenen Badeort. Ein
Konzert wird gegeben. Wir gehen hin — ohne daß ich
einen Zettel zu Gesicht bekomme. Der Konzertgeber
tritt auf, ein Klaviervirtuose. Und wer ist es? Herr
Cecil Marquard. Aber nicht mehr das Kind; sondern
ein dürr und hager aufgeschossener junger Mann,
der über die Wunderkinderzeit längst hinaus war.
Aber das war auch nur, was sein Äußeres betraf.
In seiner Kunst, seinem Spiel war er der zehnjährige
Knabe geblieben; nur noch ein wenig affectierter
und manierierter war er geworden. Von einer wirklich
künstlerischen Begabung war nirgends die Rede,
besonders was den Vortrag seiner eigenen Kom=
positionen betraf. Und auf diese hatte er wohl nament=
lich einen Erfolg gesetzt und einen stürmischen Applaus
erwartet. Ach, meine liebe, liebe Elfriede! Was ist
es doch für ein jämmerliches Ding um allen Künstler=
ruhm, wenn eben die innere Begabung fehlt. Wie
muß dies Haschen nach eitlem Ruhm und augenblick=
lichem Erfolg, vielleicht sogar durch unlautere Mittel
hervorgebracht, Geist und Körper vor der Zeit auf=
reiben; wie wenig Glück und inneren Frieden kann
solch' ein Leben gewähren! Ich hätte weinen mögen,
und als ich unwillkürlich die Hände faltete und betete:
„O, Du mein Gott!“ schütze und bewahre mich vor

solch' einem Künstlerleben; laß mich lieber sterben, ehe ich
zu solch' einer Laufbahn gezwungen werde! - da hat
die Thräne, die mir still von der Wange lief, wohl
nicht mir, sondern dem armen Marquard gegolten.
Er hatte seinen früheren Zuchtmeister, seinen Vater,
nicht mehr bei sich, der war todt; aber ein anderer
hatte ihn erfaßt, der schlimmer war, als der erstere:
„Die Sorge um das tägliche Brot.“

Daher diese Hast, dieses Unstäte in dem jungen
Manne, als er kam und seinen Blick über die Menge
schweifen ließ. Er überrechnete seinen Gewinn — nach
Abzug der Kosten! Und da ersterer nicht bedeutend
sein konnte, war auch sein Blick nicht freudig erregt
und sein Spiel nicht von der Freude getragen. Als
er den Saal verließ und er bei uns vorüber ging,
streifte mich sein Blick. Es war, als ob er mich
erkenne, als habe er Lust mich anzureden; doch war
dies alles nur für einen Augenblick; dann schweifte
sein Blick seitwärts und kalt, als habe er mich nie
gesehen, ich ihm niemals Kuchenstückchen in den Mund
gesteckt, ging er dahin, mit langem, gescheiteltem Künstler=
haar, den bleichen Wangen und dem geisterhaften,
unruhvollen Blick. Armer Cecil! Du wolltest mich
nicht kennen und doch war ich die einzige wohl im
Saal, die Mitleid mit Dir hatte und Dein Inneres
erkannte.

Ach, Elfriede! es ist doch gewiß recht schwer, von

der Kunst zu leben und durch dieselbe sein Brot zu essen! Bedenke ich dies, dann wünsche ich manchmal, mein unbekannter Beschützer, der das Geld zu meiner hiesigen Ausbildung gegeben, hätte es nicht gethan. Die Verhältnisse, die Not hätten mich gezwungen, in meinem bescheidenen Dasein daheim zu bleiben, um als arme Musiklehrerin dereinst mein Brot zu essen. Doch nein! nein! er möge, wer es auch sei — oftmals denke ich, es könne der Prinz gewesen sein, aber der hat ja niemals meiner wieder gedacht, seitdem wir und ich arm geworden —, er möge gesegnet sein! Die Kunst kann wohl zu Zeiten elend, unglücklich machen, aber uns niemals ganz sinken lassen. Sie erhebt uns auch wieder über alle Schmerzen des Lebens. Du glaubst nicht, wie glücklich ich bin, wenn wir ein Stück, wozu mein kindischer Verstand ausreicht, gemein= sam lesen, uns in den Geist desselben versenken und es endlich zur Darstellung bringen. Dann bin ich nicht mehr ich, sondern die Person, in deren Rolle ich mich bewege. Ich treibe Musik, ich habe Tanzstunde, lese Englisch und Französisch und vor allen Dingen die Meisterwerke der deutschen Litteratur. O, Elfriede, welch' ein Geist, welche Schönheit liegt in denselben. Welch' ein Glück muß es sein, eine Thekla, eine Eboli, eine Stuart darstellen zu können und nun gar erst eine Iphigenie! Mir schwindelt, wenn ich nur daran denke! Und dennoch, dennoch, wenn ich nicht das

Höchste erreichen kann, wenn ich zeitlebens in untergeordneten Rollen mich bewegen sollte, o, gütiger Vater,
dann laß mich lieber früh, dann laß mich jetzt sterben,
ehe ich die Schmerzen eines solchen verfehlten Lebens
erfahren habe. Alles dieses sage ich nur Dir. Jetzt
lesen und üben wir: Kotzebue's „Rosen des Herrn
von Malesherbes", um in denselben als Susanne aufzutreten." Später soll die Gurli der „Indianer in
England" folgen; der sich dann die Katharina in der
Oper: „Die Widerspenstigen" anschließen wird. Alles
nur als Versuche und zur Prüfung, wie Madame
Garcia meint. Ich glaube sie hält ein wenig von mir,
was ja andeuten würde, daß sie der Meinung ist:
„Ich habe ein wenig Talent —, denn mit einem
Lobe ist sie sehr selten bei der Hand. Wäre diese
Zeit der Prüfung und der Versuche nur erst vorüber,
dann werde ich, glaube ich, auch mutiger und mit
mehr Zuversicht in die Welt blicken. Aber ich bin ja
auch noch so jung, zum Glück hält man mich für
älter als ich bin. Von dem schönen München
und seiner prächtigen Umgebung habe ich wenig oder
nichts gesehen. Madame Garcia hütet uns wie die
Henne ihre Küchlein. Nur in's Theater führt sie
uns oft.

Doch nun, meine liebe, liebe Elfriede, lebe wohl,
viel tausendmal! Schreibe mir recht, recht bald und
recht viel. Schreibe, was Du machst und wie es Dir

geht, den Kaspers, Deinem Bruder, dem Heinrich, und vor allen Dingen, was mein lieber Herr Musikdirektor mit seiner Frau macht und der Onkel Senator! —

O, Elfriede! ich möchte noch so viel, viel fragen und wüßte gerne dieses und jenes! Aber es ist mir immer, als hätte ich kein Recht nach meiner Heimat zu fragen, als sei ich ausgestoßen aus ihr und dem Vatershaus, als entzöge ich jede Mark, die ich hier verwende, jenen armen Leuten, die um ihr Geld gekommen. Der Gedanke macht mich oft mutlos und verzagt; während ich anderseits doch selber arm wie eine Kirchenmaus bin. Wo wird das Geld herkommen zu meinem ferneren Studium? Wird es kommen, oder muß ich doch aus Not und Armut eine Musiklehrerin werden?

Verzeihe den Klecks! Ich weiß nicht, wo er her= gekommen! Oder hat ihn die Thräne gemacht, die mir soeben von der Wange läuft? Was will dieselbe nur, oder weshalb weine ich?

Ade! meine liebe, liebe Elfriede!

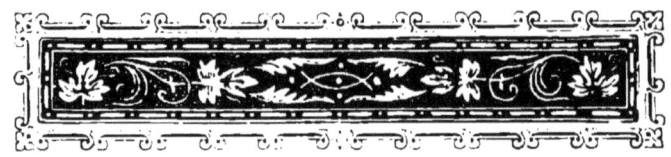

10.

Wochen, Monate sind vergangen! Wie aber an einem Baum kein Blatt dem andern gleich ist, jedes seine kleinen Eigentümlichkeiten und Abweichungen hat, so hat auch jeder Tag seine besonderen Freuden, Leiden und Stimmungen, die ihn vor den übrigen kennzeichnen. Ist in der Woche der Himmel stets bedeckt gewesen, war an Regen kein Mangel und lacht am Sonntag die Sonne einmal wieder hell und klar von droben herab, dann ist es, als habe auch das Herz urplötzlich Sonntag bekommen und als wolle die Freude Rasttag in uns halten. Die Vögel scheinen schöner denn je zu singen und die Blumen, meinen wir, hätten einen stärkeren, besseren Duft; während die Menschen, wie es uns scheint, rascher und fröhlicher dahin gehen, als in den Tagen vorher. Die Stimmung unseres Herzens ist die Lupe von unserem Auge, mit der wir die Welt ansehen und betrachten. Elfriede hatte auch einmal wieder, nach trüben Tagen, einen solchen Herzenssonntag. Ihr Auge, mit dem sie vom Fenster ihres Stübchens aus nach dem Garten schaute,

war hell und klar und um den Mund lag ein Zug
stiller Zufriedenheit und inneren Glücks. Und doch
waren die Tage und Monate vorher mit Leib und
Sorge gesättiget gewesen. Die Kaspers war nach
schwerem Krankenlager gestorben. Es war ein Glück,
ein Segen für sie und ihre Umgebung, als der Herr
sie zu sich nahm und sie auf dem Friedhof ihre Ruhe=
stätte fand. Es war, wie gesagt ein Segen, daß der
Tod die Arme von ihren Schmerzen erlöste, aber der
alte Kaspers vermißte die Geschiedene dennoch nur zu
sehr. Er hatte mit der Frau eine lange, zufriedene,
stille Ehe geführt und so war es einfach, natürlich,
daß ihm dieselbe überall fehlte, daß mit ihrem Ge=
schiedensein auch ihm des Lebens Nerv unterbunden
war. Er siechte und krankte dem Grabe zu. Der
alte Kaspers starb, nachdem der Heinrich, der Elfriede
Bruder, kurze Zeit vorher bei ihm als Lehrling ein=
getreten war.

Die Geschwister hatten trostlos am Grabe gestanden
und die Frage: „Was wird aus uns und wohin mit
uns?“ war nur zu heftig und schmerzlich in ihrer Brust
erwacht. Die Frage war gewiß berechtigt; sie hatten
nicht Vater, nicht Mutter und waren arm und mittel=
los; wenn auch die Elfriede als Schriftsetzerin sich
wieder ein leibliches Brot zu verdienen vermocht hätte,
der Augenblick war und blieb doch immer ein höchst
trostloser, abgesehen davon, daß sie in dem Gestorbenen

einen zweiten Vater verloren hatten. Wie lieb, wie
gut war der alte Mann gewesen und mit welcher
Dankbarkeit hatte er die Pflege angenommen und
erkannt, die ihm die Elfriede und auch der Heinrich
in seinen letzten Tagen hatten angedeihen lassen. Er
war aber auch wie ein echter, rechter Vater für die
Hinterbleibenden bedacht gewesen. Er hatte ein Testa=
ment gemacht! Und da er ohne nähere Erben und
Verwandte gewesen, hatte er die Elfriede zu seiner
Haupterbin eingesetzt, ihrem Ermessen es überlassend,
wie und wo sie für den Bruder sorgen könne. Doktor
Arnulf war den Geschwistern als Vormund gesetzt.
Und der, der hatte die Elfriede veranlaßt, ihre Be=
schäftigung als Schriftsetzerin, zumal sie dieses gewünscht,
wieder aufzunehmen; während der Heinrich bei dem
Nachfolger des Kaspers in der Lehre geblieben war.
Elfriede hatte sich ein einfaches, freundliches Zimmer,
mit der Aussicht nach einem Garten, bei anständigen,
kinderlosen Leuten gemietet und lebte hier ihre Tage
in gewohnter Beschäftigung dahin. Sie war durch
die Hinterlassenschaft der Kaspers nicht reich geworden;
aber die drückendsten Sorgen des Lebens wurden ihr
doch durch das kleine Erbe fern gehalten. Sie brauchte
nicht ängstlich für das tägliche Brot zu sorgen und
der Blick in die Zukunft war dadurch kein umwölkter.
Die beiden Gräber daher im Stande zu halten und
dieselben mit Blumen zu schmücken, wurde niemals

verfäumt, wobei der Heinrich ihr treu zur Seite ſtand. Hatte doch auch er die Kaſpers lieb gehabt, und war derſelben in Dankbarkeit eingedenk, wie dies die Elfriede ſtets und immerdar war und blieb!

Heut ſchien die Sonne nun ſo ſchön und auch in ihrer Bruſt war Sonn= und Feiertag! Sinnend ſtand ſie an ihrem Fenſter und ſchaute in den Garten hinaus. Ihre Mitarbeiterinnen im Geſchäft, zumeiſt junge fröhliche Mädchen, hatten ſie ſchon oft und vielfach aufgefordert, doch mit an einem Vergnügen teilzunehmen. Arbeiten wir die Woche hindurch, wollen wir des Sonntags auch einmal froh und fröhlich ſein. Ein Tanz in Ehren, kann niemand uns wehren! ſagten ſie und zogen ſich empfindlich, und ſie für ſtolz und hochmütig ſcheltend zurück, als ſie ſahen und hörten, daß Elfriede nicht mitgehen mochte, daß ſie, wie bisher einſam, ſtill für ſich blieb.

In dieſem Augenblicke freilich war es ihr doch, als ſolle ſie nicht ſo einſam bleiben, als ſolle ſie auch mit hinaus zu Tanz und Ball, zu jenen Vergnügungen, von denen die Genoſſinnen ſo verlockende Schilderungen gemacht. Waren dieſe Vergnügungen denn wirklich ſo bezaubernd ſchön? Sollte ſie wirklich nicht einmal, einmal mitgehen und in dieſen glänzenden Sälen bei ſchöner Muſik die Nacht hindurch tanzen? Aber nein nein! Die meiſten der Mädchen hatten auch, wie ſie, keine Eltern mehr; mußten ſich auch ihr Brot ver=

dienen, aber diese und jene, die nur zu sehr diesen Vergnügungen huldigten, wie müd' und matt, wie überwacht kamen sie des Montags zur Arbeit und wie bald waren die teueren, schönen Kleider unsauber und schlecht geworden. Diese und jene, an welche sie denken mußte, war frühzeitig krank und elend geworden, verdorben und gestorben, wie es im Volksliede heißt. Elfriede, obwohl noch jung, hatte dennoch bereits mannigfache Erfahrungen gemacht und die Welt kennen gelernt. Sie hatte überall ein offenes Auge, einen klaren Sinn! Und so konnte sie auch heut nur während eines Augenblicks diesen Gedanken hegen, dann war er vorüber; das bessere Ich im Herzen siegte wieder.

Alice hatte auch geschrieben. Aber während der frühere Brief gleichsam von der Kunst und Kunst=aussichten diktiert gewesen, war dieser von Heimweh geschrieben. Wie ein krankes Vögelchen auf blühendem Ast, schaute sie von dem Süden dem Norden zu. Die Heimat lag ihr in dem Sinn; sie sah im Geiste alle Plätze wieder, auf denen sie vordem so glücklich als Kind gespielt. Sie wollte von allem wissen. Das Kleinste, das sie früher nicht beachtet, hatte in der Erinnerung einen Reiz für sie erhalten. Sie sehnte sich nicht zurück, aber einmal, nur ein einzig Mal hätte sie gern die Heimat wieder flüchtig besucht und mit diesem und jenem geplaudert; vor allen mit der Elfriede, dem Onkel Senator und dem lieben Musik=

birektor Herrn Valentin! Ob sie die Heimat wohl
noch einmal und zufrieden wieder sehen würde? So
schrieb sie und gedachte in Wehmut des Vaters und
bat, daß die Elfriede doch auch dessen Grab schmücken
möchte; wie sie doch gewiß die Gräber der guten
Kaspers schmücke.

So schrieb die Alice und dieses Schreiben hatte
wohl die Wehmut und auch eine unbestimmte Sehn=
sucht in der Brust Elfriedens geweckt. Die Freude,
die erst ihre Brust, beim Anblick des Sonnenscheins
durchwogt, hatte einem namenlosen Schmerze den Platz
geräumt. Gewiß! wäre sie mit der Alice vereint,
könnten sie sich wiedersehen und gegenseitig aussprechen:
es würde für sie beide beruhigend wirken und Freude
würde ihnen beiden, nicht wie jetzt verschlossen sein!
Alice hatte dort keine Altersgenossin, keine wahre
Freundin; wie auch hier Elfriede einsam und allein
stand, mehr von ihren Genossinnen gemieden, als auf=
gesucht. Sie war den meisten zu ernst und den
Übrigen zu klug und zu wissenschaftlich gebildet. Sie
konnten es nicht begreifen, wozu sie so emsig arbeite,
fremde Sprachen triebe; ob sie gedenke eine Frau
Doktorin zu werden und was dergleichen Spottreden
mehr waren; sie wußten und verstanden es eben nicht,
welch' ein Schatz in einem guten Buche ruhe und welch'
ein Glück sich in der Arbeit verbirgt. Sie verstanden
sie einfach nicht und weil dies der Fall, verspotteten

sie dieselbe, beneideten sie und ließen sie endlich einsam ihre Wege gehen! Elfriede empfand es und es zog, von Zeit zu Zeit, Schmerz und eine gewisse Bitterkeit durch ihre Seele, bis sie bei ihren Büchern, in ihrer Arbeit die vermißte Ruhe wieder fand! Und das geschah auch jetzt!

Sie war zum Tisch gegangen, hatte die Feder genommen und schrieb. Und je mehr und mehr sie sich in ihre Arbeit vertiefte, um so mehr vergaß sie alles Trübe und Drückende. Ihr Auge leuchtete und inneres Glück und Zufriedenheit verklärte ihr Gesicht. Sie hatte sich bereits so in ihre Arbeit versenkt, daß sie das Klopfen an ihrer Thür überhörte und wie aus einer fremden Welt, aus einem schönen Traum erwachend und heimkehrend aufschaute, als dieselbe sich öffnete und Doktor Arnulf eintrat.

Elfriede errötete und suchte in Hast ihre Schreiberei zu verbergen, als sie denselben erkannte. „Habe ich Ihr Kommen doch ganz überhört“, sagte sie, und suchte ihre Verwirrung in größerer Freundlichkeit und Hast, als ihr sonst eigen, zu verbergen!

Doktor Arnulf, der einen Augenblick sein Auge prüfend auf dem ihren hatte ruhen lassen, sagte: „Warum wollen Sie, was Sie geschrieben, meinem Auge entziehen?“ Sie arbeiten überhaupt zu viel und scheinen zu vergessen, daß man auch des Guten zu viel thun kann! Für heute komme ich, im Auftrage meiner Frau, um sie aufzufordern mit uns nachmittags eine Partie in's Freie zu machen. Sie müssen in die Luft, sonst verkümmern und verkommen Sie mir ganz. Überdies komme ich auch mit einem anderen Vorschlage zu Ihnen. Sie wissen, daß Sie mir eine der liebsten Setzerinnen in der Druckerei sind, und daß ich Sie ungern dort vermissen werde. Doch ich glaube, Sie anderweitig noch besser und Ihren Fähigkeiten, Talenten und Wünschen mehr angemessen verwerten zu können.

Und als Elfriede bei diesen Worten fragend auf= schaute und schüchtern und etwas verwirrt sagte: „Ich verstehe Sie nicht; was meinen Sie?" sagte der Doktor ernst und doch zu gleicher Zeit überaus lieb= reich, fast väterlich: „Elfriede, glauben Sie, daß ich Sie nicht längst durchschaut und Ihren Charakter und Ihr Treiben erkannt habe?" Warum wollen Sie sich mir noch ferner verschließen! Sehen Sie, und mit diesen Worten legte er ein ziemlich umfangreiches Manuskript vor ihren Augen nieder. Da hat mir jener junge Autor, oder sagen wir Autorin, von dem ich Ihnen früher sagte: „Eugen Marlow" einen neuen Roman, mit der Bitte zur Aufnahme gesendet; wobei derselbe zugleich auch wieder um recht baldige Über= sendung des Honorars bittet. Wozu das Geld wieder postlagernd einzahlen, da ich es einfacher gleich an die Verfasserin selbst zahlen kann. Denn, mit einem Wort,

Sie, Sie Elfriede, haben die Romane geschrieben. Fragen Sie mich nicht, woher ich dies weiß und woran ich es erkannt. Es sei Ihnen genug, daß ich es weiß, und mich dessen freue. Ich werde und will nicht weiter in Ihr Geheimnis dringen und fragen: wozu und wofür Sie die Gelder verwendet. Es sei dies einzig und allein Ihre Sache, die ich nicht wissen und erkunden mag. Ihre Feder aber möchte ich, so viel als möglich, mir dienstbar machen und komme eben nur, Sie aufzufordern, Ihre Stellung als Schriftsetzerin aufzugeben und mir, gegen ein festes Gehalt, bei der Redaktion meiner Zeitung zur Seite zu stehen. Ihre Pseudonymität soll und wird dabei vollständig gewahrt bleiben."

Elfriede hatte sich auf den Stuhl niedergelassen. Sie barg das Gesicht in der Hand und sagte endlich, tief erglüht: „Was müssen Sie von mir denken! Ich möchte mich vor Ihnen schämen!" „Schämen!" lachte der Doktor, „weil Sie mir zwei so hübsche Arbeiten geliefert? Oder, weil Sie überhaupt eine Schrift= stellerfeder in die Hand genommen? Meine liebe Elfriede, wer es mit solchem angeborenen Talent und mit solcher Bescheidenheit gethan, der braucht sich vor niemand zu schämen. Daß Sie, für jetzt, Ihre Pseudonymität bewahrt wissen wollen, verdenke ich Ihnen nicht. Es arbeitet sich so freier, ungezwungener, mehr der Neigung und der Individualität gemäß und

man ist weniger dem Neide und dem Spotte seiner Um=
gebung, seiner Bekannten ausgesetzt. Sie kennen doch
die Anekdote von jenem Kaiser, der da sagte: „Ritter
kann ich alle Tage machen, aber einen Albrecht Dürer
nicht!" Ein Dichter, ein Schriftsteller wird geboren,
wie der Maler und Musiker. Weil dies nun aber
ein von Gott gegebenes Talent, ein Himmelsgeschenk
ist, so versteht es die profane Welt nicht, wie sie so
selten das Reine, das Göttliche versteht und verspottet,
und verlästert den angehenden Dichter und Schrift=
steller, bestreut seinen Weg mit Dornen, liest und
kauft seine Sachen nicht, achselzuckt, wo sein Name
genannt wird, bis er sich einen vollgültigen Namen
errungen und die früheren Neider und Schmäher
katzenbuckelnd sich nahen und früherer Bekanntschaft
rühmen. Es ist ein bitteres und sorgenvolles Brot,
das Brot eines Schriftstellers, und Immermann hatte
recht, als er sagte: „Mit der ersten Zeile, die man
drucken läßt, giebt man die Ruhe des Herzes hin;"
es ist ein schweres, aber auch ein süßes Brot. Die
Lerche singt und weiß nicht, welchen Wanderer sie
dadurch erfreut, so auch wissen wir nicht, in welches
Herz ein Wort fällt, segenbringend, das wir geschrieben.
Lassen Sie uns gemeinsam weiter wirken!"

Elfriede war aufgestanden, der Doktor hatte seinen
Arm um ihre Schulter gelegt. Hoch aufgerichtet stand
sie und ein Strahl höchsten innigsten Glücks durch=

11*

flutete ihr Gesicht. Sie erkannte und ahnte es, zum ersten Mal: „Sie war eine Dichterin!"

Den Nachmittag verlebte sie im Kreise der Familie des Doktors. Sie war hier wieder das einfache, bescheidene junge Mädchen, als welche sie es alle kannten. Und als am Abend unerwartet der Senator eintrat und zufriedener, ruhiger und glücklicher sich gab und sich äußerte, als es seit langer Zeit nicht geschehen, fühlte und erkannte sie dankbar im Herzen: „Daß die hier genossene stille Freude doch eine bessere, schönere sei, als wenn sie, in einem jener Ballsäle, von denen die Genossinnen gesprochen, die Nacht durch= schwärmt und durchtanzt hätte."

Die Kunst adelt und läutert Herz und Gemüt. Wie schön sagt Altmeister Goethe: „Die wahre Poesie kündigt sich dadurch an, daß sie als ein weltliches Evangelium, durch innere Heiterkeit, durch äußeres Behagen, uns von den irdischen Lasten zu befreien weiß, die uns drücken."

11.

Alice schrieb: „Was ich Dir heut, liebe Elfriede, mitteile, darfst Du niemand sagen. Ich würde es auch Dir nicht schreiben, wenn mir das Herz nicht so übervoll wäre und ich nicht wüßte, daß Du meine liebe, liebe Elfriede bist, die mich so ganz versteht und mir in ihrem Fleiß, Ihrem Verhalten so oft ein Vorbild gewesen ist.

Was ist man doch und welch ein Leben führt man, wenn man sich der Kunst — ich bin nicht eitel, hochmütig, wenn ich sage Kunst, die ich doch einzig und allein eine gute Schauspielerin werden will — in die Arme wirft. Man lebt nicht mehr sich selbst, sondern einzig und allein seinen Idealen. Denn was ist und kann die Schauspielkunst denn anders sein als eine ins Leben übersetzte Bildhauerwerkstatt. Was dort in Marmor oder Erz verewigt wird, sollen wir plastisch, von Leben durchhaucht darstellen. Wir sind der täglich neu erstehende Pygmalion, der sein eigenes Gebilde zu irdischem Dasein aufruft. Ja, ja! Elfriede, ich bin und werde Schauspielerin! Mein Versuch als

Sängerin aufzutreten, wie dies in einem Konzert für
wohlthätigen Zweck geschehen, hat es dargethan, daß
die Stimme für einen mäßig großen Saal wohl aus=
reichend, daß jedoch die Anstrengung, einen Abend
hindurch in einer Oper zu singen, Stimme und
Gesundheit in kurzer Zeit aufreiben würden. Man
hat mir ja viel, viel Schönes in bezug auf meinen
Gesang gesagt, es hätte mich eitel machen können,
zumal auch Madame Garcia mit einem Lobe nicht
zurückhielt, aber trotz alledem fühlte ich dennoch, daß
ich nicht Sängerin kein könne, sondern Schauspielerin
werden müsse. Auch Madame Garcia ist mit meiner
Entscheidung einverstanden, nachdem ich in einer Privat=
aufführung, in „Feuer in der Mädchenschule" meine
Rolle zur Zufriedenheit der Anwesenden, unter denen
berühmte Schauspieler und Kritiker nicht fehlten,
durchgeführt.

O, Elfriede! welche Tage der Aufregung und
inneren Zweifel gingen den Stunden vorauf! Wie
war alles Heimweh, das mich so lange und so tief
erfaßt hatte, verschwunden, ich lebte und webte nur in
meiner Rolle, ich wurde Eins mit der Darzustellenden
und zagte doch wie ein Kind, das zum erstenmal zur
Schule gehen soll. Auf den Knieen habe ich gelegen und
Gott gebeten, mich nicht zu schanden werden zu lassen.
Und als der Tag herangekommen, die Stunde da war,
wie habe ich — die sonst so keck — gebebt und gebangt,

ich habe gezittert wie ein Espenlaub. War es mir
doch, als solle ich zu Gericht geführt werden, als ginge
ich der Entscheidung auf Leben und Tod entgegen.
Und als der Vorhang in die Höhe ging, mein Stich-
wort kam, wurde es mir schwarz vor den Augen, ich
wußte nicht wo ich war, ich sah niemand! Doch alles
dieses währte zum Glück nur für einen Augenblick.
Mit dem ersten Wort, das über meine Lippen kam,
war auch alle Angst und Beklommenheit davon geflogen, ich war nicht mehr ich, sondern die Darzu-
stellende, ich lebte in meiner Rolle, wie ich Dir schon
gesagt. Ob dies Glück, diese Seligkeit, die ich in
jenen Stunden gefühlt, bei jedem Auftreten wieder-
kehren wird? Werden nicht auch Zeiten kommen, wo
ich fühle, daß ich meiner Rolle, meiner Aufgabe nicht
gewachsen bin, wo ich mir selber sagen muß, daß mein
Spiel ein verfehltes gewesen? Aber alles dieses will
ich tragen, will ich dulden, denn wo wäre eine Rose
ohne Dornen, ein Leben ohne Leid, wenn ich nur nach
redlichem Streben, und streben, arbeiten will ich, mein
Ziel erreiche, eine wahrhafte, echte Künstlerin werde.
Und damit ich dies werde, damit ich nicht verflache
durch frühzeitige, nichtige, unmotivierte Anerkennung,
die zumeist nicht meinem Spiel, meiner Leistung,
sondern meiner Jugend gilt, hält Madame Garcia es
für notwendig, für durchaus geboten, daß ich, erschrick
nicht, für einige Zeit gleichsam sterben, verschwinden

müſſe. Sie meint, ich hätte Anlagen, Talent, aber
dieſelben würden mich zu Grunde richten, und durch
falſchen, frühzeitigen Beifall verleitet, von jedem
ernſten Streben abhalten, ſo ſie mich jetzt einer Bühne
und zwar, wie es nicht anders ſein könne, einer kleineren,
als Anfängerin anvertraue. Sie liebt mich und meint
es gewiß gut mit mir und ſo verlangt ſie, ich ſolle
nach Mailand, nach Paris, um zu lernen, zu ſtudieren,
damit ich nach dieſem unter fremdem Namen, denn
der Deutſche könne es noch immer nicht laſſen, das
Fremdländiſche mehr zu lieben, als das in der Heimat
Gewordene, als eine vollendete Künſtlerin zurückkehren
könne. Es iſt alles vorbereitet, alle Schritte ſind
geebnet, ich gehe zuerſt nach Mailand und von dort,
ſo Gott will, nach Paris. Schreiben werde ich ſelten.
Aber wenn Du nach einiger Zeit durch die Zeitungen
von einer Annina Suchetti hörſt, denn dieſen Namen
werde ich führen, ſo denke, daß es Deine Alice
Verdeſſen iſt. Werde ich es erreichen? Wird mein
Name dereinſt mit Ruhm und Ehre genannt werden
oder werde ich ſpurlos vorübergehen? Du wirſt es
niemand, niemand ſagen, daß ich nach Italien ge=
gangen. Für die Bekannten der Heimat bin und
bleibe ich Alice Verdeſſen, die Muſiklehrerin, nichts
anderes will und darf ich für ſie alle ſein, die ſich
meiner erinnern, den guten Muſikdirektor nicht aus=
genommen. Es wird ihm ein Schmerz ſein, daß ich

es nicht weiter gebracht, und dem Onkel Senator wird
es so lieber sein, als wenn er hörte, daß ich eine
Komödiantin geworden, denn anders würde er mich
nicht titulieren, wie er mich überhaupt zu den Verlorenen
zählen würde. Ihm ist und bleibt ja alles, was Kunst
heißt und damit in Verbindung steht, ein Greuel. Er
sieht in der Kunst den Anfang und das Ende, seines
und des Vaters Unglück; was in gewisser Hinsicht
ja auch wahr. Möchte es mir vergönnt sein, ihn
dereinst eines Besseren zu belehren, möchte es mir
gelingen, ihm zu zeigen, daß die Kunst adelt, den der
sie liebt, wie den Künstler selbst. Ich will und muß
mir einen Namen erwerben, darum wähle ich den
fremden. Bring' ich ihn zu Ehren, wird er dem
eigenen Namen zur Ehre werden? Wenn nicht! O,
Elfriede, nicht wahr, dann, dann findest Du es
natürlich und zürnest mir nicht, wenn ich nie, nie
zurückkehre und mein Leben abgeschieden, unerkannt
verkümmere und vertrauere. Siehst Du, da ist eine
Thräne auf's Papier gefallen und hat die Schrift
verwischt! Beweine ich mich selber schon oder wird
mein Name so spurlos, so rasch verwischt und ver=
gessen werden, wie die Thräne die Worte verlöscht?
Bete für mich. Durch Madame Garcia erhältst Du
meine Briefe, wie dieselbe mir auch die deinen
senden wird.

Und nun meine liebe, liebe Elfriede lebe wohl

und denke freundlich meiner, auch wenn Du keine
Nachricht von mir erhältst. Du bist mir so oft und
so vielfach ein Vorbild gewesen in Deinem Fleiß und
Deinem Vorwärtsstreben und so, denke ich, wollen
wir es auch ferner halten. Du bist freilich eine stille,
verschlossene Natur, ich dagegen muß mich immer
geben wie ich bin! — Was mag der Cecil Marquard
machen? Ich habe recht lange nichts von ihm ver=
nommen und was man hört, ist auch nicht besonders
tröstlich. Er ist ein Klaviervirtuose zweiten Ranges,
der durch seine Konzerte Geld verdienen will. Brr!
ein trostloses Leben! Warum wird derselbe nicht
einfach Klavierlehrer? Ja, warum? Machen es die
meisten der Elevinnen der Madame Garcia anders?
Statt am Kochherd zu stehen, wo sie hingehören,
wollen sie alle große Schauspielerinnen werden. Es
muß schrecklich sein, solch ein vagabundierendes Künstler=
leben! Halte mich nicht für stolz und hoffärtig, daß
ich dieses sage, ich kann nicht anders. Wohl weiß
ich, daß es auch untergeordnete Talente geben muß,
daß es ja auch Bedientenrollen und Hausmädchen
darzustellen giebt und wer sich dazu eignet, mag sie
darstellen, aber dann bleibe man auch fern von den
Rollen einer — —

Doch wozu Dir Namen nennen, Du weißt, was
ich meine und verstehst mich. Wie bitter, bitter habe
ich geweint, als ich sah und fühlte, daß ich mich nicht

zur Sängerin eigne. Ich hatte es mir so schön, so groß und herrlich gedacht, einer Giulia Grisi gleich in der Rolle der Semiramis aufzutreten und, wie sie, das Publikum zu höchster Bewunderung und vollgiltigem Beifall zu zwingen. Aber andererseits weiß ich ja auch, wenn die Grisi nicht durch eine Flucht nach der Schweiz ihren Kontrakt, der sie verpflichtete täglich zu singen, gebrochen hätte, um in ländlicher Stille und Zurückgezogenheit ihre Gesundheit und überreizte Stimme zu schonen und zu kräftigen, sie frühzeitig zu Grunde gegangen und niemals geworden wäre, was sie wurde. Und da ich nun nicht Jahre lang mich schonen kann und darf, auch keine Stimme wie die Grisi habe, noch jemals haben werde, so will und muß ich Schauspielerin werden. Und ich denke es ganz zu werden! Noch bin ich jung und infolge dieser meiner Jugend vielen Rollen nicht gewachsen, aber jeder Tag macht mich älter, und jede Stunde, wo ich arbeite, bringt mich meinem Ziele näher. Darum als vollendete Künstlerin siehst Du mich wieder oder sonst niemals.

Madame Garcia meint, mein Geist sei meinem Leben um mehrere Jahre voraus, und so hält sie mich für befähigt, in Rollen aufzutreten, die mir meinen Jahren nach noch fern liegen müßten. Kann ich dafür? Oder hat das Leid um den Vater oder die Erfahrungen, die ich dadurch gewann, mich frühzeitig alt gemacht? O, Elfriede, glaube nicht, daß ich jemals des Vaters vergessen werde, wenn ich seiner auch nicht immer erwähne. Ich bleibe seiner eingedenk, wie des unbekannten Wohlthäters, der durch seine Geldspende es ermöglichte, daß ich werden konnte, was ich bis jetzt geworden bin. Möge Gott den mir Unbekannten segnen, wie ich seiner stets in meinem Gebete gedenke. Vielleicht erfahre ich dereinst seinen Namen, und es wird mir vergönnt ihm persönlich zu danken.

Fern der Heimat werde ich mit Iphigenie sagen:

„So manches Jahr bewahrt mich hier verborgen
Ein hoher Wille, dem ich mich ergebe;
Doch immer bin ich, wie im ersten, fremd.
Denn ach! mich trennt das Meer von den Geliebten
Und an dem Ufer steh' ich lange Tage —
Weh dem, der fern von Eltern und Geschwistern
Ein einsam Leben führt! Ihn zehrt der Gram
Das nächste Glück vor seinen Lippen weg.
Ihm schwärmen abwärts immer die Gedanken
Nach seines Vaters Hallen, wo die Sonne
Zuerst den Himmel vor ihm aufschloß, wo
Sich Mitgeborne spielend fest und fester
Mit sanften Banden aneinander knüpften."

Bis hierher hatte Elfriede gelesen. Jetzt ließ sie die Blätter sinken und schaute träumerisch in die Weite. Ihre Gedanken folgten der Fernen; aber während sie Alicens und ihrer Zukunft gedachte, kam auch ihr der Gedanke und flog in lautem Selbstgespräch über ihre Lippe: „Sie strebt einem hohen Ziele zu, daß ich ein

Gleiches thu, sie ahnt es nicht. Werden wir uns am Ende der Siegeslaufbahn begegnen und uns als ebenbürtig gegenseitig erkennen, oder wird eine von uns in das Meer der Vergessenheit sinken, ehe sie die Flügel zu kühnem Fluge gehoben? Man sagt: die Kunst erfordere den ganzen Menschen und dieselbe dulde keine Nebenbuhlerin. Ich will ringen und kämpfen, wie Alice es thut. Herr! laß uns nicht zu Grunde gehen, gieb uns die Palme des Sieges!"

Unwillkürlich hatte sie bei den letzten Worten, die wie ein Gebet erklangen, die Hände gefaltet. Ihr Auge starrte zum Himmel und das Angesicht glänzte wie in heiliger Begeisterung und Verklärung.

12.

Und die Tage, die Monate gingen dahin. Leise, wie ferne vom Winde herübergetragene Glocken= töne, schlug es an das Ohr Elfriedens, daß von Italien nach Paris hinüber eine junge Sängerin ge= zogen sei, die alle Welt entzücke. Man nannte sie Annina Suchetti. Sie war in Paris als Semiramis und Norma aufgetreten und alle Blätter waren ihres Lobes voll. Man bewunderte und rühmte nicht sowohl ihren Gesang als auch ihr unvergleichliches, seelenvolles Spiel, so daß es zweifelhaft blieb, ob man bei der jungen Dame, denn jung sollte sie noch sein und zwar noch sehr jung, mehr die Sängerin oder die Schau= spielerin zu rühmen habe.

War die Genannte, die jetzt so oft Erwähnte, von der die Tagesblätter und die Zeitungen des Lobes voll waren, der der Impresario der Mailänder Oper ein so überaus glänzendes Engagement angetragen haben sollte und das sie doch zurückgewiesen, wie auch das noch glänzendere der Pariser Oper, da sie sich bereits in Wien zu Gastvorstellungen, wie auch in

mehreren anderen deutschen Hauptstädten gebunden
habe — Alice Verbessen oder nicht? Hatte der letzte,
freilich vor längerer Zeit geschriebene Brief derselben
doch berichtet, daß sie als Sängerin niemals würde
auftreten können, da Stimme und Brust zu schwach
und nicht für größere Opern ausreichend seien und nun
sollte sich dies alles so plötzlich geändert haben!
Annina Suchetti, die Sängerin, wurde jedoch zugleich
als Schauspielerin gerühmt, und da blieb zuletzt doch
wohl kein Zweifel übrig, daß die Gerühmte Alice
Verbessen, ihre Freundin sei.

Doch war dieselbe ihr dieses noch? Ein Brief
war seit langer, langer Zeit nicht gekommen, war sie
nicht bereits längst vergessen und hatten Ruhm, Glanz
und Ehre, wie im Sturm erworben, nicht diesen
Jugendtraum von ewiger Freundschaft zerrissen? Fast
wollte dieser Gedanke in Elfriedens Brust Wurzel
fassen, doch konnte derselbe nur für einen Augenblick
Raum gewinnen, dann verflog er so rasch wie er ge=
kommen, um der Überzeugung Platz zu machen, daß
Alice sie wohl für einige Zeit, aber nicht für die
Dauer vergessen könne, dazu war sie eine zu groß
angelegte Natur, und das Wort Freundschaft war ihr
mehr als vorübergehender Hauch, als ein Duft, der
für einen Augenblick empfunden wird, um durch den
ersten Luftzug verweht zu werden. Ja, Elfriede
zürnte sich selber fast, daß sie diesen Gedanken über=

haupt zu fassen vermocht, und nahm sich vor, mit desto
größerer Hingabe und Aufmerksamkeit die Siegeslauf=
bahn zu verfolgen, die dieses aufgestiegene neue
Gestirn am Kunst= und Theaterhimmel zu durchlaufen
begonnen. Und gewiß jeder Tag des Auftretens, jede
neue Rolle, in der Annina Suchetti sich zeigte, schien
ihrem Lorbeerkranze ein neues Blatt einzureihen.
Elfriede las diese Berichte und zog das beste derselben
für ihre Zeitung aus. Es schien ihr eine Pflicht,
gerade in der Zeitung des Doktor Arnulf, von diesem
neu aufgestiegenen Gestirn zu sprechen. Ahnte auch
niemand in der Stadt, wie nahe Annina Suchetti
dieselbe anging, so war doch gewiß alles dazu angethan,
von diesem neuen Stern zu reden — denn Elfriede
hegte den Gedanken tief verschwiegen in der Brust und
klammerte sich an denselben voll Hoffnung und Ver=
trauen: über kurz oder lang würde in Alices Brust
das Verlangen und die Sehnsucht auftauchen, hier
aufzutreten, und wäre es auch nur, um dem Onkel
Senator, von der Bühne herab, durch die That zu
beweisen, daß die Kunst kein leerer Wahn sei und in der
Ausübung und in der Pflege derselben ein Glück und
hohe Befriedigung liege, das eigene Leben, wie das
Leben anderer verschönend und zu neuer Thatkraft
erweckend. Sie mußte dermalen hier auftreten und
wäre es auch nur, um die Ehre des Vaters in den
Augen des Senators und seiner Anhänger herzustellen.

Dieser Ansicht lebte Elfriede und suchte dieselbe durch ihre Berichte, durch ihre Aufsätze in der Zeitung zu fördern. Doktor Arnulf ließ sie gewähren, wenn er auch dieser etwas zu enthusiastischen Verehrung eines jungen Talents spottete. Elfriede sagte: „Was wollen Sie! weiß ich doch an mir selbst, was es heißt, ermuntert und durch verständigen Rat gefördert zu werden. Warum verkümmern der jungen Talente so viele? Weil man sie totschweigt und ihnen keine Er= munterung zu Teil werden läßt. Was wäre aus mir geworden, hätten Sie sich meiner ersten Arbeit nicht so rasch und freundlich angenommen? Würde ich jetzt als Ihre Mitgehilfin bei der Redaktion der Zeitung sitzen? Würde ich so sorgenlos weiter arbeiten und weiter studieren können? Ich stände noch am Setz= kasten oder wäre bereits in der Tretmühle mechanischer, körperlicher Anstrengung verkümmert und verkommen! Lassen Sie also mich immer dieser jungen Anfängerin, diesem strebenden Talente einige Aufmerksamkeit gönnen und die Bahn zum Ruhmeskranz glätten und ebnen helfen.“ Und wenn der Doktor ob dieser Worte und ihres Eifers lächelte, rief sie: „Ich erlebe es noch, daß Annina Suchetti auch hier auftritt und Sie der= selben für Ihren heutigen Unglauben feierlich Abbitte leisten werden. Sie werden einer ihrer größten Ver= ehrer werden und noch mehr des Lobes voll sein, als ich es heute bin. So hatte Elfriede oftmals, wenn

auch scheinbar scherzend gesprochen, während im Herzen
sie sich bangend oft fragen mußte: wird diesem rasch
erblühten Ruhme nicht eine tiefe Nacht der Vergessen=
heit folgen? Wird Alices Brust dieser Anstrengung
auf die Dauer gewachsen sein?

Und während alle diese Gedanken ihr durch die
Seele gingen, tauchten auch zugleich die Tage des
eigenen Lebens vor ihrem innern Auge auf. Was
war sie und was würde sie bereinst sein. Ungenannt
und unerkannt ging sie durch die Menge. Ihr ernstes,
stilles, sinniges Wesen machte sie den meisten unsym=
pathisch, sie war und blieb einsam, während ihre
früheren Mitgenossinnen sie für stolz und hochmütig
erklärten, da sie den Setzkasten verlassen, um als
Schreiberin und Dienerin in die Redaktion der Zeitung
einzutreten. Denn für weiter nichts erachteten sie die
Stellung, die sie im Bureau des Doktors einnahm. Von
einer wirklich litterarischen Thätigkeit ihrerseits hatten
dieselben ja keine Ahnung, und wenn sie es erfahren,
wenn sie die thatsächlichen Beweise in Händen und
vor Augen gehabt hätten, es würde dennoch nur ein
blödes Lächeln über ihr Gesicht geflogen sein, sie
würden dennoch nur die Achsel gezuckt haben und das
Ganze für einen Ausfluß von Hochmut und für
Narretei erklärt haben. Denn für nichts in der Welt
hat die unwissende Menge weniger Verständnis und
Anerkennung, als für eine geistige, dichterische Arbeit.

Und obschon sie alle gern lesen, ist doch der Verfasser
eines dichterischen Werkes für sie nur ein Mensch, der
seine Zeit vergeudet und der eine Arbeit treibt, die fern
von jedem materiellen Nutzen auch keinen materiellen
Gewinn bringe und auch keinen zu bringen brauche.
Schreiben kann ein jeder und eine Feder zu halten
und zu führen kann keine Arbeit sein. So denkt und
meint die ungebildete Menge, während selbst unter
den sogenannten Gebildeten sich im Herzen viele dieser
Ansicht anschließen. Freilich, sobald durch ein wahr=
haft gutes Werk ein durchschlagender Erfolg erzielt ist,
Ruhm und Ehre nicht fehlen, dann wird der Name
mehr denn zu viel im Munde geführt, in den Blättern
genannt, während dieser und jener sich an den Ver=
fasser drängt und wäre es auch nur, um sagen zu
können, ich kenne den Mann, die Verfasserin des
Werkes, ich habe mit ihm, mit ihr gesprochen! Es gilt
ja nur dem Erfolg. Das Ringen und Kämpfen des
Genius wird nicht erkannt und anerkannt.

Während Elfriede in dumpfem Sinnen dasaß, der
Erfolge nicht gedenkend, die sie bereits errungen, der
Stunden nicht acht habend, wo sie in ihrem Schaffen
und Arbeiten so unendlich glücklich sich gefühlt, heute
nur der Schattenseiten ihres Daseins sich erinnernd
und der Lichtpunkte, die dasselbe ihr geboten, ver=
gessend, überhörte sie das Nahen eines kommenden
Schrittes, das Klopfen an ihrer Thür. Und als diese

12*

nach nochmaligem Anklopfen sich aufthat, der Postbote
eintrat und ihr einen Brief übergab, war es ihr, als
erwache sie aus einem bösen Traume und müsse sich
erst mit Gewalt in die Wirklichkeit zurückverseßen.
Ja, als sie die Handschrift der Adresse des Briefes
erkannte und fand, daß derselbe von Alice herrühre,
mußte sie sich erst mit der Hand über das Gesicht
fahren, wie als müsse sie sich erst ermuntern, um ihre
Gedanken klar zur Gegenwart zurückzuführen. Hatte
sie der Freundin doch so eben in banger Sorge
gedacht, fürchtend, daß dieselbe sie bereits vergessen
habe, zumal seit deren Auftreten in Paris Monate
vergangen waren, ohne daß die Blätter von einem
neuen Auftreten und einem günstigen Erfolge berichtet
hätten. Und nun hielt sie den so lange ersehnten Brief
in der Hand, er kam von Wiesbaden. Elfriedens
Hand zitterte, während sie denselben erbrach und zu
lesen begann. Welche Nachrichten würde er bringen!
Gute oder böse! War der Traum von Künstlerruhm
und Ehre bereits verflogen und hatte der Nacht der
Enttäuschung den Plaß geräumt? Hatte die übergroße
Anstrengung die jugendliche Brust bereits krank gemacht
und zu jahrelangem Siechtum verdammt? Alle diese
Gedanken und Fragen machten die Leserin erbeben
und für die ersten Augenblicke zum klaren Denken
unfähig, bis das Blut ruhiger wurde und sie freudig
und gedankenvoll las: „Du wirst gehört haben, daß

ich nach längerem Studium in Mailand, in Paris in
der italienischen Oper mehrmals erfolgreich aufgetreten.
Ich bin mit Lob und Beifall überschüttet worden,
mehr als ich in meinen kühnsten Träumen jemals
erwartet habe. Man wollte mich in Paris, wie in
Mailand bleibend fesseln, ich aber schlug alle die
glänzenden Engagements aus, um nach Deutschland
zurückkehren zu können. Die Sehnsucht nach meiner
Heimat ließ mich nicht in der Fremde. Wohl zieht
mich das Herz unaufhaltsam zu Dir und dem Vater=
hause, aber ich kann dem Herzen noch nicht Folge
geben, ich muß fürs erste in Wien, wohin ich von
hier gehe, mir Ruhm und Ehre erwerben, ich muß
trachten eine so große Schauspielerin zu werden, als
ich Sängerin bereits sein soll. Bin ich das, ist mein
Ruhm ein wohlbegründeter und redlich verdienter,
dann sollst auch Du daheim mich auf den Brettern
sehen, dann will ich Freunden und Verwandten als
eine unbekannte oft Genannte entgegentreten, um den
Namen Verbessen wieder zu Ehren und Ansehen zu
bringen. Das ist mein Ziel und kleine Rache gegen
den Onkel Senator als Künstlerin. Und bis dahin
wirst Du mein Geheimnis bewahren und mir bei
meinem Auftreten daheim es ermöglichen, die Ge=
dachten freudig zu überraschen und sie von ihren
Zweifeln zu bekehren. Möge dieser Tag mir werden
wie ich ihn mir denke und oftmals herbeiwünsche. Du

glaubst es nicht wieviel ich in Gedanken in der Heimat bin.

Du wirst fragen, was mich trotz früherer Gedanken und Befürchtungen bewogen habe, als Sängerin und nicht als Schauspielerin aufzutreten! Ach, Elfriede! unser Herz ist ein schwankendes Rohr und hat man erst einmal aus dem Quell getrunken, der da Ruhm und Künstlerehre heißt, läßt der Gedanke uns nimmer ruhen. Man ist wie in einem Zauberbann oder wie ein Vöglein, das sich von dem Blick der Schlange angezogen fühlt, bis es in dem Rachen derselben den Tod gefunden. Mir ist es immer, als ob man als Sängerin die Herzen der Zuhörer erobere, während man als Schauspielerin sich den Verstand derselben zum Bundesgenossen nähme. Und das Herz ist und bleibt mir doch immer die Hauptsache. Ich wurde Sängerin, weil Gott mir eine Stimme gegeben, ich mit dem Herzen und aus dem Herzen singe, um mir die Seele meiner Zuhörer gleichsam zu fesseln und mir zugethan zu machen. Ich würde singen, immer und immer singen, wenn es eben meine Brust zuließe. Ja, Elfriede, ich mußte alles Verlockende und Lockende hinter mir lassen und hierher flüchten, um die angegriffene Brust hier wieder zu kräftigen und zu stärken. Und doch bin ich, kaum angekommen, auch hier bereits als Sängerin, aber nur in einem Konzert, aufgetreten. Ich mußte es thun und freue mich, daß

ich es gethan. Du entsinnst Dich wohl noch jenes jugendlichen Klaviervirtuosen Cecil Marquard, des Wunderkindes, der ja auch in unserem Hause auftrat, und der es vorzugsweise mit zuwege brachte, daß der Onkel Senator gegen alles Virtuosentum und Künstlergebahren mit samt der Kunst eingenommen wurde, während ich doch fürchte und meine, daß ich auch ein gutes Teil meines Ruhmes meiner Jugend mit zu danken habe. Die Jugend hat ja nun einmal das Glück, mehr zu gefallen, als es beim Alter der Fall ist. Ach! und der Cecil Marquard ist recht frühzeitig alt geworden, oder war derselbe vielleicht niemals jung, hat die Kunst und der eigene Vater ihn um seine Jugend und somit um sein schönstes Glück betrogen? Doch das sind häßliche Gedanken und besonders für mich, die ja auch noch so jung ist, und so gerne jung sein möchte! Auch des Prinzen Leopold wirst Du Dich erinnern, der mir das Arm= band verehrte. Du weißt doch! Und nun höre wie es mir erging. Kaum hier angekommen, höre ich und lese, daß der berühmte Cecil Marquard ein Konzert im Kursaale geben werde. Ich nahm mir vor dem= selben beizuwohnen, wiewohl von den anwesenden Gästen und Fremden nur wenige gewillt schienen meinem Beispiele zu folgen. Man schien sich eben nichts besonderes zu versprechen, und der Ruhm des Künstlers ein nicht eben großer zu sein! Mich dauerte der junge Mann, zumal er, wie ich gehört, seit längerer Zeit schon leidend sei. Und so war es auch. Denn als ich den Künstler einige Stunden darauf, wo die meisten Kurgäste die öffentliche Prome= nade bereits verlassen hatten, um daheim der Ruhe oder dem materiellen Genusse zu leben, einsam auf einer Bank sitzend fand, und in dem bleichen, abge= zehrten Kranken kaum noch den Gast des Vaterhauses wieder erkannte, da hieß Mitleid und Erbarmen mich alle übrigen Rücksichten hintansetzen, und ich trat zu dem Unglücklichen und gab mich als Annina Suchetti zu erkennen. O, Elfriede, welch eine hektische Röte blühte auf den Wangen des Armen auf, und welch ein Zittern der Erregung flog durch seine Glieder! Nur mit Mühe hielt er sich aufrecht, und er schien es dankbar anzuerkennen, als ich ihn bat wieder. Platz auf der Bank zu nehmen. Als ich ihn nach seinem Ergehen und nach seinen künstlerischen Erfolgen fragte, schien er nur mühsam und erst nach innerer Anstrengung die Antwort zu finden, zumal ich auch gefragt, welche Hoffnungen er für sein neuestes Konzert habe. Er sagte, und ein recht schmerzlicher Zug der Wehmut und der Enttäuschung, gemischt mit einiger Bitterkeit, machte sich bemerkbar: „Hoffnungen? O, diese habe ich längst zu Grabe getragen! Mein Leben war nur eine Kette von Enttäuschungen. So lange ich als Kind, als Wunderknabe, ging, hätschelte man mich, und wickelte die Besprechungen über mich in Bonbonpapiere, mit jedem Jahre, das ich älter wurde, mit jedem Zoll, den ich wuchs, wurden die Beurteilungen einseitiger, wie die Einnahmen meiner Konzerte geringer wurden. Vielleicht hätte ich mich dennoch über Wasser gehalten, wenn nicht diese körperliche Schwäche, diese schleichende Krankheit hinterrücks gekommen wäre. Ich gedachte mich hier durch einige Konzerte aus allen meinen Verlegenheiten zu reißen, die Mittel zu bekommen, mich einige Zeit der Ruhe hingeben zu können, damit Geist und Körper erstarke. Es sollte nicht sein! Die künstlerischen Kräfte, die ich hier zur Unterstützung meines Konzerts zu finden hoffte, blieben aus und die Anwesenden, die helfen könnten, versagen mir ihre Mitwirkung. Wie kann und soll ich da noch Hoffnung haben." Er sagte die letzteren Worte schmerzlich bitter, während er es doch nicht zu hindern vermochte, daß eine einsame Thräne ihm über die Wange lief. Mich um Mithülfe zu seinem Konzert anzusprechen wagte er nicht, zumal er auch wohl schon vernommen hatte, daß ich nur zu meiner Erholung und zur Stärkung meiner Brust hierher gekommen sei, und so fragte ich ihn denn: „Da man, wie ich höre, Sie zu unterstützen nicht all= seitig gewillt ist, möchte ich fragen, ob Sie mir ge= statten wollen, einige Lieder in ihrem Konzert zu singen! O, Elfriede! ich wünschte Du hättest das

Aufleuchten seiner Augen bei diesen meinen Worten
gesehen! Zum erstenmal in meinem Leben freute ich
mich so ganz aus Herzensgrund meines Künstlerruhms,
der Gabe, die mir Gott verliehen. Ich glaube, es
hätte wenig gefehlt und der junge Mensch hätte mir
auf offener Promenade die Hände geküßt und wäre
mir zu Füßen gefallen. O, sagte er mit zitternder
Stimme, während die Hände vor Erregung bebten:
„Wenn Annina Suchetti mich unterstützt und mir zur
Seite steht, bin ich geborgen und meine Einnahme
wird eine glänzende sein. Ich selbst würde mich
gehoben fühlen und so gut, so schön spielen wie noch
nie! Aber es kann ja nicht sein! Wer bin ich denn
und wie sollte eine Suchetti dazu kommen mit mir
zugleich auftreten zu wollen, wo jene, die nicht wert
sind ihr die Schuhriemen zu lösen, mir ihre Mithülfe
versagt haben." Und dabei ließ er, wie gebrochen,
den Kopf sinken, den er erst wieder erhob, während
ich sagte: „Cecil! ist denn das Vertrauen zu den
Menschen ganz in Ihnen verloren gegangen? Erkennen Sie denn in mir nicht eine Jugendfreundin
wieder, die Sie einst in ihres Vaters Haus mit
Süßigkeiten gefüttert? Cecil! erkennen Sie denn in
Annina Suchetti nicht Ihre kleine Freundin Alice
Verbessen wieder?" Und als er, wie aus einem
Traum erwachend, mich anstarrte und mit der Hand
über das Gesicht fuhr, wie als müsse er sich aus einem

Märchen in die Wirklichkeit zurückrufen, während nur
das eine Wort, mein Name „Alice!" über seine
Lippen fuhr, mußte ich selber lachen, während mir
doch zugleich die Thränen der Wehmut und des
Schmerzes über die Wangen liefen, und sagen:
„Gewiß, ich bin es, bin Alice Verbessen, die in Ihre
Fußstapfen getreten und auch die Künstlerlaufbahn
ergriffen hat. Aber nun werden Sie an meiner Zu=
sage, Ihnen im Konzert zu helfen, nicht mehr zweifeln.
Und ich denke wir werden ein recht volles Haus be=
kommen. Daß Sie mein Namensgeheimniß unter
allen Umständen und gegen jedermann, ohne Aus=
nahme bewahren werden, versteht sich von selbst, wie
dies ja auch in Ihrem eigenen Interesse liegt. Doch
nun genug? Veranlassen Sie das Nötige und machen
Sie bekannt, daß Annina Suchetti in Ihrem Konzerte
singen werde, und zwar einzig und allein nur einmal
in diesem Ihrem Konzert!"

Ich hätte vielleicht noch mehr gesagt, wenn die
Promenade sich nicht aufs neue mit Fußgängern gefüllt
hätte und ich unter diesen nicht einen bemerkt hätte,
der zu meinem Vorhaben, das Konzert besucht zu
machen, mir besonders behilflich sein konnte und sein
sollte. Es war der auch Dir bekannte Prinz Leopold.
Er war mir bereits einmal flüchtig in Paris nahe
getreten, wo ich jedoch seine Annäherung auf jede mög=
liche Weise zu vermeiden gesucht hatte, schon um mein

Inkognito zu bewahren, da sein Blick mir zu deutlich gesagt hatte, daß er mich von früher her zu erkennen glaube. Hier, wo es die Rettung eines Unglücklichen galt, und Cecil Marquard war unglücklich im vollsten Sinne des Wortes, unglücklich sowohl als Mensch, wie als Künstler, mußten Rücksichten der Art schweigen; umsomehr, da die Ritterlichkeit und Ehrenhaftigkeit des Prinzen allgemein anerkannt ist.

Der Prinz hatte mich kaum von fern erkannt, als er sofort auf mich zutrat und sich freute mir hier in Wiesbaden zu begegnen, nachdem er in Paris das Glück gehabt, meinem dortigen Auftreten beizuwohnen. „Es war doch auch in Paris, wo" — fuhr er fort —

„Wo Ihr Blick, Hoheit, bei einer zufälligen Begegnung mich zu fragen schien: bist Du es oder bist Du es nicht?" unterbrach ich ihn lachend, während ich zugleich ernst hinzusetzte: „Ja! Hoheit! ich bin Ihre Landsmännin, bin eine Deutsche, bin Alice Verdessen, die Sie durch ein Armband beglückten, nachdem der Vater die Ehre gehabt, Sie in seinem Hause zu sehen. Es war der letzte glückliche Augenblick, der Glanzpunkt des Lebens eines Unglücklichen. Hoheit verzeihen diese Worte, die Erinnerung der Tochter an den Vater brachte sie auf die Lippen."

Prinz Leopold entgegnete in seiner gewohnten, ritterlichen Hoheit und Leutseligkeit: „So hat mein Auge mich also in Paris nicht getäuscht, als ich in Ihnen dort eine mir Bekannte zu erblicken wähnte.

Ich freue mich Sie zu sehen, wie ich mich Ihrer Er=
folge gefreut habe. Im Übrigen seien Sie überzeugt,
daß ich Ihr Vertrauen zu schätzen weiß und Ihr
Geheimniß durch mich gewahrt bleiben wird."

„Dessen war und bin ich gewiß, wie ich denn
auch wohl, Hoheit, keine Fehlbitte wage," rief ich,
„wenn ich Sie ein weniges für das Konzert des
armen Marquard interessieren möchte."

„Für den," fragte der Prinz, während er zu=
gleich das Wort aus Schonung für mich unterdrückte,
das er noch auf der Zunge hatte. Und doch schnitt
seine Frage mir durch die Seele, zumal er noch hin=
zusetzte: „Hat das gute Herz der Annina Suchetti Sie
irre geführt, oder wurden Sie von dem Menschen
gepreßt, wie er stets berühmte Künstler zu fesseln
versucht, um sich wie der Rabe mit den Pfauenfedern
zu schmücken, in der Hoffnung, daß er dadurch auch
ein Pfau werde, was bei ihm jedoch nur eine volle
Kasse bedeutet. Geld ist bei solchen Leuten alles!
Ich konnte daher auch nicht anders, als glauben, daß
auch Sie zu solcher Beihülfe angebettelt seien."

„Sie irren, Hoheit," rief ich, „diesmal habe ich
mich unaufgefordert zu einer thätigen Beihülfe ange=
boten. Ja, ja! Annina Suchetti wird von ihrem
früher gefaßten Vorsatze, hier nicht öffentlich auf=
zutreten, freiwillig abweichen und in dem Konzert des
Marquard einige ihrer heimatlichen Lieder singen.

Und meine Bitte an Sie, Hoheit, geht dahin, Ihren Einfluß geltend zu machen, um dem Armen dadurch ein recht volles Haus zu machen. Ich sage dem Armen, Hoheit, denn diesen Namen verdient er in mehr als einer Hinsicht. Er ist geistig und körperlich arm. Überdies ist er seinem Ende nahe. Die geistige Überanstrengung, mehr sein zu wollen, als wozu ihn Anlage und Kenntnisse befähigen, haben seine körper= lichen Kräfte aufgerieben, wozu die Sorge um das tägliche Brot wohl noch das ihrige beigetragen haben wird. Ich fürchte er geht seiner Auflösung entgegen."

„Und da wollen Sie," fiel Prinz Leopold ernst ein, „durch Ihre Fürsorge dem Unglücklichen, wie wir ihn nennen wollen, den kurzen Lebenspfad, den er noch zu wandeln hat, mit Rosen bestreuen, indem Sie ihm eine volle Kasse machen. Sie sollen sich in mir nicht geirrt haben, ich werde thun, was ich vermag, obwohl ich glaube, meine Hilfe ist hier eine höchst geringe und untergeordnete, da der Name Annina Suchetti schon genügt, den guten Zweck zu erfüllen. Ich danke Ihnen, daß Sie mich gewürdigt haben, ein Bundesgenosse Ihres schönen Strebens sein zu dürfen. Auf Wiedersehen am Konzertabend."

Mit diesen Worten verließ er mich, um einer Gesellschaft von Herren und Damen entgegen zu gehen, die soeben in die Promenade einbogen. Dann — dann fand das Konzert statt. Ich habe gesungen.

Ach, Elfriede, welch ein Glück ist es doch, so ein bißchen Talent zu haben, und durch dasselbe Gutes thun zu können. Wie habe ich zum erstenmal an jenem Abende dem Himmel gedankt für die Stimme, die er mir verliehen, für jeden Ton, den er in meine Kehle gelegt. — Der Prinz hatte seine Zusage recht ritterlich erfüllt. Er hatte seinen ganzen Einfluß, und derselbe ist ein bedeutender, geltend gemacht. Das Haus war mehr denn überfüllt. Der arme Marquard wurde durch diese Thatsache fast überwältigt und nur durch Aufbietung aller seiner ihm noch gebliebenen geisti= gen und körperlichen Kräfte wurde es ihm möglich seine Aufgabe leiblich zu lösen. Ich sage leiblich, obschon er seit langer, langer Zeit, und vielleicht niemals, so gut gespielt haben mochte, als er es an diesem Abend gethan. Das Glück eine solche Einnahme zu haben, hatte ihn wohl berauscht, und überdies wollte er auch mir gegenüber sich dankbar und im besten Lichte zeigen. Es war ein vergebliches Ringen, obwohl das Publikum sich seinen Leistungen gegenüber mehr als wohlwollend und nachsichtig bewies und es an Beifall nicht fehlen ließ. Es war und blieb sein Spiel eine mehr mechanische Arbeit und Fertigkeit, als eine geistige Kunstschöpfung. Ich wurde bis in die Seele hinein bewegt. War doch sein Leben ein stetes ver= gebliches Ringen nach einem Ideal gewesen. Doch, wie gesagt, das Publikum hielt mit seinem Beifall nicht zurück. Man wußte es ja, daß dies Auftreten wohl des Armen letztes öffentliches ·sein würde.

Wie ich gesungen, frage mich nicht. Ich weiß nur, daß ich mit dem Herzen gesungen, daß ich meine Seele in meine Lieder legte. Zum erstenmal, so lange ich aufgetreten, hatte ich jenes Armband angelegt, das ich als Kind vom Prinzen Leopold erhalten und worüber ich damals so ungehalten war, weil ich meinte, es käme nicht mir, sondern Dir, als der Verfertigerin oder Umgestalterin meines gesprochenen Verses zu. Jetzt, Elfriede, weiß ich, daß der Vortrag doch auch etwas ist, und ein Recht auf seine Existenz hat. Im Wohllaut der Sprache, im Gesang liegt eine unendliche Macht, und ich meine eine Sängerin, eine Schauspielerin macht eine Komposition, eine dramatische Dichtung erst lebensfähig, giebt derselben erst Leben und Gestaltung, wie der Kuß des Pygmalion es seinem Steingebilde gab. Frage mich nicht, wie ich gesungen und welcher Beifall mir wurde. Ich sang aus voller Brust meine lieben heimischen, deutschen Lieder und war überglücklich, durch den Vortrag derselben einem Armen den letzten Lebensabend verschönt zu haben.

Die Befürchtungen, die ich in Bezug auf die Gesundheit des unglücklichen Marquard gehegt, sollten nur zu bald in Erfüllung gehen. Die Überanstrengung am Konzertabende hatte seine letzten Lebenskräfte aufgebraucht. Andern Tages mußte er das Bett hüten und nach dreien Tagen war er tot.

Wir haben ihn mit Ehren begraben. Sein Ende war schmerzlos, verschönt durch den Gedanken, allen seinen Gläubigern noch gerecht geworden zu sein. Die Einnahme seines letzten Konzerts war eine bedeutende gewesen, so daß er allen seinen Verpflichtungen hatte nachkommen können und noch ein Erkleckliches übrig geblieben war, zu einem anständigen, ehrenvollen Begräbnis.

Es hat dieser Tod mich mehr angegriffen, als ich selber gemeint. Habe ich doch ein Stück meiner eigenen Jugend mitbegraben und zum erstenmal ernstlich an meine Zukunft und an das Sterben gedacht. Was ist das Leben mit allem Glanz und aller Ehre! Noch bin ich jung, obschon ich mich zuweilen alt dünke, besonders wenn ich in Rollen auftrete, zu welchen meine Jugend mich so eigentlich noch nicht berechtigt. Es ist mir dann immer, als ob ich spätere Jahre meines Lebens schon vorweg nehme. Was wird das Ende sein! Werde ich auch wie Cecil Marquard, bar aller Illusionen, fern von allen, die mich liebten und die ich liebte, dem Mitleid anheimfallen, wenn ich, nachdem ich meine Stimme eingebüßt, nach kurzer Siegeslaufbahn, dem Siechtum und dem Elend anheim gefallen bin! Oder wird der Neid und die Kabale, die ja im Leben einer Sängerin und einer Schau=

spielerin eine so bedeutende Rolle spielen, und deren Dornenstiche ich ja auch bereits zu empfinden Gelegenheit hatte, mein Dasein untergraben und jeden Erfolg verbittern? O, Elfriede, schilt mich nicht, daß ich im Augenblicke, wo ich so vom Glück begünstigt bin, Gelegenheit hatte wohlzuthun, solche Gedanken hege, aber sind dieselben nicht natürlich in Stunden, wo der Tod uns so sichtbar nahe getreten. Doch ich will mich solcher trüben Gedanken nicht ferner hingeben, will das Leben wieder von seinen Lichtseiten betrachten. Es ist ja hier so schön und wenn nach dieser wohlthuenden Ruhe hier, meine Erfolge in Wien und an jenen anderen Orten, nach denen ich meinen Fuß zu setzen gedenke, nur in etwas meinen Hoffnungen und meinen Wünschen entsprechen, dann — dann Elfriede eile ich zu Dir, als eine nicht gänzlich Unberühmte, um mich auch von Dir bewundern, nein — sondern bekritteln zu lassen. Meine ich doch, daß Du mir eine besonders strenge Richterin sein wirst, wie ich sie von Dir und Deiner Freundschaft erwarte. Damit Du aber nicht der Meinung lebst, daß ich hier gänzlich in Freude und Nichtsthun aufgehe, will ich Dir sagen, daß ich sehr ernstlich den Goethe'schen Tasso und seine Iphigenie studiere. Ich suche mich ganz, ganz in dieselben zu versenken. Ist es doch ein Lieblingswunsch, ein Herzenswunsch von mir, die Iphigenie dereinst darzustellen. Werde ich es jemals

können, b. h. des Meisters und seiner Schöpfung
würdig? Der Himmel gebe es.

Außerdem, damit Du siehst, daß ich auch die
neuere und neueste Litteratur nicht unbeachtet lasse, sage
ich Dir, daß ich soeben das neueste Werk eines ge=
wissen Eugen Marlow lese, ein Name, der mir sonst
noch nicht vorgekommen und von dem ich gern mehr
wüßte. Du bist ja auch jetzt so ein Stück Schrift=
steller, seitdem Du an der Zeitung des Doktor Arnulf
mit beschäftigt bist, wie, weiß ich ja nicht und habe
keine Ahnung und kein Verständnis davon, aber Du
weißt vielleicht mehr von dem Verfasser, auch ob er
noch anderes geschrieben, und teilst es mir mit. Sein
Werk berührt mich sympathisch, es heimelt mich an, als
ob es ein junges, mir bekanntes Herz geschrieben. Es
ist mir bei einzelnen Kapiteln, als hätte ich das dort
Geschriebene selbst erlebt oder doch ähnliches gedacht.
Es ist wohl nur Einbildung und würde mir bei
anderen Schriften wohl ähnlich ergehen. Hier ist es
mir nun einmal so und darum wüßte ich gern Näheres
von dem Verfasser. Du bist ja so ein litterarischer
Maulwurf, also grabe nach ihm und teile mir mit, was
Du erfahren! Ade!"

Elfriede ließ den Brief sinken. Es war ihr doch
gar eigen zu Mut geworden, und durchwogte ihr Herz
mehr als stürmisch, als sie sich fragen mußte, woher
kennt Alice mein Werk und wie ist sie zu demselben

13*

gekommen? Sollte sie die Zeitung des Doktors ge=
halten haben, nur um mit der Heimat gleichsam stets
geistig in Verbindung bleiben zu können oder hatte
man diese ihre erste Arbeit vielleicht bereits anderweitig
abgedruckt, so daß dieser Abbruck der Alice zu Gesicht
gekommen? Sie mußte es denken, ohne sich einerseits
darüber Gewißheit verschaffen oder ohne andererseits
ahnen zu können, daß der nächstfolgende Tag ihr
bereits auch dieses Rätsel lösen werde.

13.

Die Sonne ging anderen Tages überaus klar und freundlich auf; und man weiß es ja: ist längere Zeit trübes Regenwetter gewesen, wird der Geist zuletzt auch ganz niedergebeugt und niedergedrückt, bis ein Sonnenblick die Gedanken wieder licht und klar macht, und das Herz froher und freudiger schlägt. Auch Elfriede war zufriedener, ruhiger erwacht, als die Tage zuvor, wo die Welt so nebelgrau, so düster, unfreundlich vor ihren Blicken gelegen hatte; heut strahlte die Sonne so klar und hell in ihr Fenster, so daß auch ihre Gedanken licht und klar waren und die Arbeit überaus leicht von statten ging. Bei einer Zeitung ist viel und mancherlei zu thun und besonders die Schriftsteller, welche bei einer solchen beschäftigt sind, dürfen zumeist keine Minute versäumen, denn das Publikum will zur festgesetzten Stunde seine Zeitung haben. Elfriede war nicht strikte im Redaktions= bureau beschäftigt, sondern verrichtete zumeist in ihrer Wohnung die notwendigen litterarischen Arbeiten, so daß selbst das Druckerpersonal und die übrigen bei

dem Blatt beschäftigten Mitarbeiter, kaum wußten und
ahnten, welchen bedeutenden Anteil sie bereits an der
Redaktion und der Herstellung der Zeitung nahm.
Elfriede hatte sich bis jetzt nicht entschließen können,
aus ihrer litterarischen Verborgenheit und Namen=
losigkeit herauszutreten, und Doktor Arnulf hatte diesen
ihren Wunsch zur Zeit mehr befördert, als demselben
entgegengearbeitet. Er war der Ansicht, daß in der
Stille und Abgeschiedenheit ihr Talent und ihre
Arbeiten sich mehr befestigen und erstarken würden,
zumal auch die Urteile über ihre Erzeugnisse ihr un=
befangener und aufrichtiger, ungeschminkter zugehen
würden, als wenn sie sich sofort als Verfasserin ihrer
Arbeiten bekannt hätte. Sie galt allgemein nur für
eine Schreiberin und Gehilfin des Doktor Arnulf, der
sie mehr in seinem Privatinteresse, denn als eine Stütze
für sich, beschäftige, niemand wußte, daß sie überhaupt
tiefer in die Redaktion der Zeitung einzugreifen habe.
Und weil man sie nun allgemein als eine einfache
Schreiberin und Buchführerin ansah, so wurde sie auch
zumeist nur als eine solche behandelt, während ihre
früheren Mitarbeiterinnen in der Druckerei und am
Setzkasten ihr diese ihre Stellung als einen Ausfluß
von Hochmut und Überschätzung anrechneten und den
Umgang mit ihr daher vermieden und zumeist gänzlich
abgebrochen hatten. Was man von ihrer Hand ge=
schrieben in der Druckerei zu Gesicht bekam, wurde

niemals als eigene selbständige Arbeit, sondern nur
als eine aufgegebene, abschriftliche betrachtet, wo es
denn oft, beim Betrachten derselben, an Spott und
tabelnden Bemerkungen nicht fehlte. Es ist dies der
Lauf der Welt. Doch wurde Elfriede von diesem
allen zum Glück wenig berührt. Der Doktor war
ein aufrichtiger Bewunderer und Pfleger ihres Talents
und suchte daher, nach jeder Richtung hin, nicht allein
ihr die Wege zu fernerem Fortkommen zu ebenen,
sondern ihr dieselben auch rein von Dornen und Un=
kraut zu halten.

Daher hatte er auch die Anordnung getroffen,
daß sie fast alle ihre Arbeiten daheim in ihrer Wohnung
anfertigen konnte; daß, außer dem Setzer= und Drucker=
burschen, der um Manuskript zu holen oder Korrektur=
bogen zu bringen kam, selten jemand anders ihr
Zimmer betrat, wenn nicht hin und wieder Doktor
Arnulf oder der Musikdirektor vorsprachen, um zu
sehen, wie es ihr gehe oder zu hören, was Alice mache
und treibe — was zu fragen namentlich der letztere
nicht müde wurde, zumal er es nicht fassen und begreifen
konnte, daß seine liebste, beste, fähigste Schülerin es immer
noch, wie Elfriede, wenn auch mit innerem Wider=
streben und innerer Scheu behauptete, noch nicht weiter
gebracht haben sollte, als bis zu einer einfachen Musik=
lehrerin, daß ihr Ehrgeiz, ihr Talent nicht weiter
gehen sollte, als bis zu dieser, wenn auch ehrenwerten,

doch immer mühevollen und beschränkten Stellung. Er hatte so große Hoffnungen gehabt, und nun sollten dieselben alle in der einfachen Sphäre einer Stunden= erteilerin begraben sein! Er konnte sich nicht darein finden und wurde fast erzürnt auf die Berichterstatterin, wenn sie eben nichts anderes und besseres berichtete. Ja er fing an dieserhalb seltener und seltener zu kommen, zumal er auch ein wenig erzürnt war, daß Alice selbst so selten und dann auch nur so kurze Briefe an ihn gelangen ließ — wie denn auch der Herr Senator ob dieser Nachrichten nicht in bessere Meinungen über die ganze Geschichte versetzt wurde. Er war ja von Anbeginn gegen diese Ausbildung und Ausführung gewesen und meinte nun doppeltes Recht zum Zürnen zu haben. Es wurde unter solchen Umständen der Elfriede oft recht schwer, das bis hieher gewahrte Geheimnis auch noch ferner aufrecht zu halten, und nur der Gedanke, daß binnen kurzem sich alles zum Guten und glänzend klären werde, ließ sie diese Täuschung auch noch ferner gegen die ihr so lieben und so hochverehrten Menschen üben. Es war ja, wie sie meinte, zum Besten aller, und vor allen Dingen zur Freude und zum Besten Alicens.

Und so saß sie denn auch jetzt, nachdem sie in der Nacht viel der Freundin noch gedacht, eifrig an ihrem Tisch, um in angestrengter Arbeit sich und die Welt gleichsam zu vergessen. In der Arbeit beruhte ja

ihre ungetrübteste Freude, ihr reinstes Glück; in der
Arbeit fühlte sie sich losgelöst von allem, was sie
drückte und beengte. Sie fühlte sich mutig und stark,
herzinnig zufrieden. Sie schaute daher auch fast un=
willig und ein wenig erzürnt auf, als es klopfte und
der Laufburſche der Redaktion eintrat und ein Päckchen
übergab. Doktor Arnulf sendete es. Als sie es in
Haft öffnete und den Inhalt erkannte, war es fast als
dürfe und könne sie ihren Augen nicht trauen, als
müsse das Ganze ihr aus den zitternden Händen zur
Erde fallen. Und täuschte sie sich nicht in dem, was
sie sah und las! Sie hielt ein fein und sauber gebundenes
Exemplar ihres erſten Werks, als selbſtändiges Werk
gedruckt, in der Hand. Da ſtand groß und breit auf
dem Titel: „Wolfram Robin.“ „Roman von Eugen
Marlow.“ Und dabei lag ein Zettel, auf welchem der
Doktor schrieb: „Es ist heut Ihr Geburtstag, was Sie
in Ihrer Arbeit vergessen und unbeachtet gelassen haben
werden.“ Ich aber habe den Tag nicht vergessen.
Und da ich nicht allein Ihr Vormund, sondern auch,
wozu Sie mich gemacht, Ihr litterariſcher Beiſtand
bin, so habe ich mir erlaubt Ihr Werk, nachdem es
in unserer Zeitung zum Abbruck gelangt war, an die
auf dem Titel genannte Firma in Ihrem Namen in
Verlag zu geben. Indem ich Ihnen nun meinen
herzlichen Glückwunſch zum heutigen Tage sende, lege
ich Ihnen zugleich das für Ihr Werk erhaltene Honorar

nebst einem Exemplar bei. Der Himmel erhalte Sie und gebe Ihnen Lust und Kraft zu neuem Schaffen.

Elfriede saß, nachdem sie gelesen, das Buch in der Hand, wie in einem Traum. Sie vermochte sich in die Thatsache noch immer nicht zu finden. Der kühnste Gedanke, den sie, seit langer Zeit, im Stillen gehegt: er war zur Wirklichkeit geworden. Sie hielt ihr Buch, ihr Werk, als Buch gedruckt in Händen. Dasselbe war gewiß bereits in Tausenden von Exemplaren in die Welt gesendet; Unzählige hatten es vielleicht bereits gesehen und auch hie und da wohl gelesen. Das Buch war wohl schon vor einigen Wochen erschienen und ausgegeben worden, und auch Alice hatte wohl schon ein Exemplar zu Gesicht bekommen und gelesen. Daher wohl auch ihre Anfrage: ob sie den Verfasser nicht kenne? Der Doktor hatte zu dem heutigen Tage das Ganze bislang gewiß verschwiegen, er hatte sie nicht allein überraschen, sondern auch erfreuen wollen. So dachte sie, während zugleich sie sich eingestehen mußte, daß ihm seine gute Absicht im ganzen Umfange gelungen sei. Sie hatte wirklich ihres Geburtstages mit keinem Gedanken gedacht; sie hatte auch den Glauben gehegt, daß denselben überhaupt niemand wisse; oder daß jemand ein Interesse daran habe und nun war sie auf eine so schöne, so sinnige Weise eines Besseren belehrt worden. Wie hoch verpflichtet fühlte sie sich dem Doktor. Immer und immer wieder mußte sie einen Blick auf das Buch werfen, dann aber fuhr ihr der Gedanke wie ein Schreck durch die Glieder, durch den Sinn: „O, mein Gott!" wird das Werk gefallen? Werden die Kritiker es nicht über die Maßen tadeln, so daß ich mich vor Scham verbergen müßte? Während sie doch auch wieder meinte, daß von nun ab es ihr ein jeder ansehen müßte und ansehen werde, daß sie sich erkühnt habe, als Schriftstellerin in die Schranken zu treten. Der Gedanke machte sie ganz zaghaft und irre, so daß sie, statt der ersten freudigen Aufregung und Dankbarkeit zu folgen, hinzueilen und dem Doktor zu sagen, was sie denke und fühle, sich wieder auf den Stuhl, von dem sie aufgesprungen, niedersinken ließ und vor Freude und tiefer innerer Erregung zu weinen begann. So fand sie der Doktor, der leise, unbemerkt eingetreten und sich jetzt zu ihr niederbeugend liebevoll sagte: „Hab' ich es so recht gemacht?" Und als sie tieferglühend aufsprang, während die Thränen der Freude ihr noch von der Wange liefen und, ihm beide Hände hinreichend, sagte: „O, wie kann, wie soll ich Ihnen danken?" lächelte er und entgegnete: „Dadurch, daß Sie bei ernstem Fleiß und anhaltendem Studium immer neue und immer bessere Werke schaffen!" „O, Doktor! rief sie, sagen Sie mir, hab' ich denn wirklich Talent, und sind die Sachen nicht ganz wertlos? Ich kann es mir nicht denken, daß ich eine

Dichterin sei; daß Gott mich wirklich begnadigt habe,
Werke schaffen zu können, die mehr als eine nur
flüchtige Unterhaltung gewähren!"

Der Doktor sagte ernst: „Vertrauen Sie Ihrer
Kraft. Arbeiten, schaffen Sie. Und selbst wenn
Sie auch hin und wieder das Wort eines Kritikers
verletzen und verwunden sollte, wird Ihnen selbst ein
bitterer Tadel, und wer erhielte diesen nicht, so ver=
zagen Sie nicht. Aus der Raupe und der unschein=
baren Puppe entwickelt sich der Schmetterling, jeder
Tadel fordert uns zu innerer Einkehr auf, und aus
der Nacht der Phantasie ringt sich neue Schaffenslust
empor. Aber nun kommen Sie, meine Zeit ist, wie
Sie wissen, gemessen, und kein Mensch ist mehr geplagt
als ein armer Redakteur und Zeitungsschreiber; meine
Frau wünscht, daß Sie heut eine Suppe bei uns
essen und nachmittags bei einer Tasse Kaffee den
Geburtstagskuchen sich gefallen lassen mögen, den sie
Ihnen gebacken. Denn nicht wahr, Sie haben des
Tages mit keiner Silbe gedacht, so daß selbst der
Bruder, der Heinrich, Ihnen nicht einmal ein paar
Blumen gebracht hat. Sie sehen auch hieraus, daß
Sie eine Dichterin sind."

„O, sagen Sie immer Blaustrumpf!" lachte Elfriede,
denn mit diesem Namen beehren die Schriftstellerinnen
ja die Männer! Aber den Heinrich nehm' ich in Schutz,
den dürfen Sie nicht schelten. Es war ja niemals

Sitte im Vaterhause, unsere Geburtstage zu feiern:
wir hatten es nicht dazu."

Mit diesen Worten hatte sie sich fertig zum Aus=
gehen gemacht und beide schritten zum Hause hinaus
über die Straße dahin. Elfriede wurde überaus herz=
lich und freundlich von der Gattin des Doktors
empfangen. Nachmittags·kamen, in Folge ergangener
Einladung, auch der Musikdirektor mit seiner Frau,
denen der Senator sich angeschlossen hatte; worauf
denn auch der Bruder, der Heinrich, mit einem großen
Blumenstrauß sich einstellte. Er hatte den erhaltenen
Wink des Doktors verstanden und sich pünktlich ein=
gestellt, mit einem rechtschaffenen Hunger auf Kaffee
und Kuchen.

Einen Geburtstag der Art hatte Elfriede noch
niemals erlebt. Sie war unendlich glücklich, wie in
einem Traum befangen, wobei die Gedanken nur zu
oft zur fernen Alice hinzogen. Wie schwer wurde es
ihr, unter diesen ihr so zugethanen freundlichen Menschen
ein Geheimnis bergen zu müssen. Sie schwieg, in
der festen Hoffnung, daß sich alles Dunkle ·binnen
kurzem klären werde. Die Stunden flogen dahin,
spät erst trennte man sich.

Einige Wochen darauf machte Elfriede in Ge=
meinschaft mit dem Doktor und seiner Frau ihre erste
größere Reise. Nach derselben schrieb sie der Freundin,
die bereits seit längerer Zeit schon in Wien weilte

und sich dort neue Lorbeeren erworben hatte: „Alice! meine liebe Alice, ich bin verreist gewesen, ich habe eine große Reise gemacht. Lache nicht! für Dich ist ein Hinausziehen in die Weite kein Ereignis. Du bist ein Weltkind! Dir gehört die ganze Erde, und wohin Du kommst, wirst Du gefeiert und es werden Dir Blumen gestreut. Mit mir ist es anders, ganz anders! Ich habe bislang noch niemals die Stadt verlassen, ich habe zum erstenmal andere Städte, andere Menschen gesehen. Doktor Arnulf und seine Gattin fuhren nach Weimar und nahmen mich mit. Ich war nicht allein im Schillerhause, ich war auch in dem Goethes. O, Alice sagt dies nicht alles! Du bist eine Schauspielerin, Du kennst den Tasso, die Iphigenie und ich habe auf Augenblicke in den Räumen geweilt, wo er, der Schöpfer dieser Meisterwerke, gelebt und gestorben. Wie heilig war mir das Haus, ich wagte, als ich die Zimmer durchschritt, kaum zu atmen. Und als ich den einfachen Sessel sah, auf dem Goethe gestorben, mußte ich die Hände falten und eine Thräne rann mir unwillkürlich von der Wange. Es ist etwas Großes, die Stätte zu sehen und zu betreten, wo solch ein Geist gewandelt. Dann war es mir auch vergönnt, in einer Privatwohnung vielfache Manuskripte Goethes bewundern zu können. Wie war er so groß und doch zugleich auch so einfach menschlich wieder. Ich sah zwei Hefte fast ganz von seiner Hand geschrieben. Es war eine Auswahl seiner Gedichte, derjenigen, die er für seine besten, ihm seine liebsten gehalten. Wie wenige waren es, im Vergleich zu der Menge, die er gedichtet. Man sieht in wie wenigen er sich als echter Dichter gefühlt hat. Wie eitel zeigen sich dagegen viele, deren Namen jetzt so oft genannt werden und sich ob jedes Gedichts, das sie in die Welt senden, so viel dünken. Wie groß und hehr stehen doch die beiden Heroen Schiller und Goethe da. Wie war mir auch so eigen, so sinnig zu Mut, als ich das bescheidene Haus, die Wohnung des ersteren betrat; wie war alles so einfach und doch im Geiste wieder so groß hier. Gewiß, wer den Dichter will verstehen, muß in Dichters Werkstatt gehen. Wie haben sich meine Gedanken nach dieser Reise geweitet und wie sind Schiller und Goethe mir nun erst doppelt lieb geworden, abgesehen davon, daß das Betreten ihrer Wohnungen mir den Schlüssel zum Verständnis mancher ihrer Gedanken und ihrer Werke gegeben. Wie muß Dein Geistesblick, nachdem Du so viel gesehen und auch wohl erlebt, sich geklärt und erweitert haben. Mit welcher Sehnsucht harre ich des Zeitpunkts, wo ich Dich wiedersehen werde. Wie wirst Du mir so fremd und doch wieder mir so geistesverwandt erscheinen, wenn ich Dich als berühmte Bühnenkünstlerin, als vollendete Sängerin auf den Brettern sehen und hören werde. Du wirst Dich in Schillers, in Goethes Werke ganz hineinleben. Du wirst nächstens, wie ich gelesen, die Iphigenie zur Darstellung bringen. O, Alice, laß mich bald Dich sehen, komme auch zu uns, und wenn auch nur auf Gastrollen, nicht allein damit ich Dich bewundere, herzen und loben, sondern damit auch alle, die Dich hier lieben und nach Dir fragen, Dich als Künstlerin erkennen und hochschätzen lernen. Damit ich stolz Dich meine Alice wieder nennen kann; damit sie, die Freunde, dich als Annina Suchetti sehen und als Alice Verbessen erkennen. Dein Geheimnis fängt an mir die Brust abzudrücken, kommst Du nicht bald, stehe ich für nichts, daß ich Dich nicht dem Onkel Senator, dem Musikdirektor verrate, vom Doktor Arnulf gänzlich zu schweigen. Komm, komm, oder, oder ich fliehe zu Dir. Denn nun ich einmal an= gefangen mich auf Reisen zu begeben, bin ich mir selbst nicht sicher! Also komm, oder Du siehst, statt eines Briefes, eines Tages bei Dir, Deine — Deine Elfriede."

Nachschrift. Und so schön wie meine Reise gewesen, sind die Deinen niemals, und da ich Dein Geheimnis nicht verraten soll, verrate ich auch nicht das meine. Das aber sage ich Dir, ich bin glücklich.

14.

So rasch und so sehnsuchtsvoll Elfriede auch die Ankunft Alices, als Annina Suchetti, herbei= gewünscht, es ging dennoch nicht so schnell, als sie, und wohl sie beide erwartet und gewünscht. Und als es endlich geschah, als es plötzlich wie ein Lauffeuer durch die Stadt lief: Annina Suchetti kommt von Wien, um für zwei Abende hier aufzutreten — da war es doch fast zu rasch und zu bewältigend für sie ge= kommen, da war es doch, als müsse sie noch immer zweifeln, als sei das Glück zu groß, ihre liebe, liebe Alice wiederzusehen.

Wie schön und doch dabei wie schelmisch=listig hatten beide das erste, heimliche Wiedersehen verabredet. Elfriede, gleichsam als Bevollmächtigte der Suchetti, hatte für dieselbe Zimmer im Gasthofe bestellt. Sie erwartete sie, dem Gasthofsbesitzer gegenüber, als eine der Suchetti Fremde, der sie zu dieser Fürsorge und Gefälligkeit von Seiten der Redaktion der Zeitung empfohlen. Das Ganze war ohne jegliche Reklame und offene Kundgebung ins Werk gesetzt worden.

Selbst der Wirt des Hotels erfuhr den Namen der
Fremden erst, nachdem Annina bereits eingetroffen
und das ungestörte Wiedersehen der Freundinnen
vorüber war. Und wie viel, wie unendlich viel hatten
dieselben sich zu sagen gehabt, wie hatten sie immer
und immer wieder sich in die Augen zu sehen, sich
gegenseitig zu betrachten, während das Fragen und
gegenseitige Antworten kein Ende nehmen wollte.
Mit Gewalt, um nicht durch das lange Beisammensein
die Aufmerksamkeit und die Neugier der Hotelinsassen zu
erregen, mußte man sich trennen, nachdem noch vorher
das gegenseitige Verhalten für die folgenden Tage den
Verwandten und Freunden gegenüber verabredet war.

Annina Suchetti hatte dem Direktor des Theaters
sich zu zwei Gastrollen verpflichtet. Sie wollte zuerst
in der Norma als Sängerin auftreten, während sie für
ihr zweites Auftreten die Goethesche Iphigenie für
einige Tage später bestimmt hatte. Sie hatte aus=
drücklich erklärt, daß ihr Auftreten nur den Tag vor
dem öffentlichen Auftreten dem Publikum dürfte
bekannt gemacht werden. Sie wolle ausdrücklich
sowohl dem Publikum gegenüber, wie auch dem ge=
samten Theaterpersonal, gänzlich unerwartet erscheinen
und auftreten. Sie hatte erklärt, unter keinen Um=
ständen zu singen, sobald ihr Auftreten und ihre
Ankunft irgendwie bekannt würde. Und der Direktor,
im geheimen diese Forderung als eine Kaprice der

gefeierten Sängerin und berühmten Schauspielerin erflärend, hatte sich dem eigentümlichen Verlangen gefügt und war demselben nachgekommen. Aus diesem Grunde kam das Auftreten der Suchetti dem gesamten Theaterpublikum gänzlich überraschend und unerwartet. Selbst die Ankunft der Gefeierten war unbemerkt geblieben, wie man auch erst sehr spät erfuhr, wo dieselbe Wohnung genommen.

Doktor Arnulf, dessen Zeitung, durch ein Telegramm der Suchetti veranlaßt, das Auftreten derselben zuerst der Welt bekannt gemacht, kam in sichtbarer Erregung schon in aller Frühe, nachdem die Zeitung kaum ausgegeben, zur Elfriede und rief, in Hast eintretend: „Was sagen Sie nun? Die Suchetti kommt und tritt heute Abend bereits in der Norma auf. Dicht vor Thoresschluß kam die Depesche, so daß ich sie mit Mühe noch einrücken lassen konnte. Eigentümliche Geschichte. Sonderbar! Was sagen Sie dazu? Sind ja eine so große Verehrerin der Suchetti!"

„Was Sie, denke ich," lachte Elfriede, „nach dem ersten Auftreten auch sein werden. Annina Suchetti ist zu liebenswürdig, ist zu herzig und schön, als daß Sie derselben nur noch einen Augenblick zürnen könnten, nachdem Sie dieselbe gesehen, gehört und gesprochen."

„Nun Sie thun ja gerade," rief der Doktor noch immer ein wenig pifiert und gereizt, „als ob Sie die Dame bereits gesehen und gesprochen!"

14*

„Und wenn es wäre,“ lachte Elfriede und reichte dem Doktor die Hand und sah ihn freundlich, schelmisch lachend an, „würden sie mich dieserhalb beneiden oder mir wohl gar zürnen? Ist es nicht natürlich, daß ich diejenige, deren künstlerische Siegeslaufbahn ich von ihrem ersten Auftreten bis heute mit Spannung und Aufmerksamkeit gefolgt bin, begierig sein mußte persönlich kennen zu lernen. Daß ich mein kleines Geheimnis bis jetzt auch gegen Sie bewahrte, wollen Sie meiner Mädcheneitelkeit und meinem Hange zur Geheimniskrämerei zu gute halten.“ Und als sie sah, daß noch immer eine ernste Falte auf der Stirn des Doktors thronte, trat sie näher zu ihm heran und sagte, ihm freundlich ins Auge blickend, zutraulich: „Wollen Sie mir denn nicht eine kleine Freude, eine Überraschung gönnen? Sie haben mir bisher vertraut, wollen Sie mir dies Vertrauen nicht noch einen Tag, nur noch vierundzwanzig Stunden gewähren? Ich weiß, Sie werden und dürfen heut im Theater nicht fehlen. Ich werde auch dort sein, aber nicht an Ihrer Seite, sondern irgend anders wo auf einem Sitze, um mir mein Urteil nach eigenem Ermessen zu bilden, ohne mich durch Ihr Urteil beeinflussen lassen zu wollen. Auch den Senator veranlassen Sie, ich bitte recht sehr darum, zu kommen, ich rechne bestimmt darauf, daß er nicht fern bleibt. Wir wollen sehen, ob die Suchetti ihn nicht aus einem Saulus zu einem

Paulus, zu einem Kunstenthusiasten machen wird. Auch der Musikdirektor wird und soll nicht fehlen. Und morgen, nicht wahr Doktor, Sie thun mir die Liebe und veranlassen das Ganze, kommen die drei Herren um die elfte Stunde zu mir. Ich lade Sie hiermit förmlich ein und rechne auf das Erscheinen der Herren bestimmt. Wir tauschen dann hier unsere Ansichten gegenseitig aus — und das Übrige ist bekannt, wie es gemeinhin heißt — oder mein Geheimnis. Nicht wahr, Doktorchen, Sie kommen und bringen die beiden Herren mit."

„Wer könnte Ihnen entgegen sein, oder Ihnen für die Dauer zürnen," entgegnete der Doktor, sich zugleich zum Abgange rüstend. „Also morgen Vormittag elf und die beiden Herren bringe ich mit. Abe!"

„Abe! Doktor," sprach Elfriede, und rief dem Abgehenden nach, „und den Heinrich werde ich auch ins Theater schicken mit einem mächtigen Blumenboukett. Unserer Annina darf es an Blumen heute Abend nicht fehlen!"

Damit trat sie zurück. Drinnen aber, als sie sich allein sah, preßte sie die Hand aufs Herz und sagte, tief aufatmend: Ach! wie schwer wurde es mir doch das Geheimnis zu wahren! Aber Alice wollte es und so mußte es geschehen! Aber ich wollte doch, der heutige Tag wenigstens wäre erst vorüber! Ich zage und bange ja nicht um Annina und ihr heutiges

Auftreten. Sie hat ja überall das höchste Entzücken
und die größte Bewunderung erregt, wie sollte also
ihr hiesiges Auftreten nicht auch ein siegreiches sein!
Aber ich bange doch, es steht für Annina zu viel auf
dem Spiel. Ein jahrelanges Streben und Wünschen
soll heute zum Abschluß gebracht werden, Herzen will
sie erobern und Ansichten siegreich bekämpfen. Wird
der Gedanke daran sie nicht befangen machen und
ihren Gesang, ihr Spiel beeinträchtigen? Wird sich
ihr Ruhm, ihre Kunst hier bewähren! O, wäre doch
dieser Abend erst vorüber. Wie bange bin ich und wie
stürmisch schlägt mein Herz! Und dann, wird Annina
nicht sofort als Alice Verdessen erkannt werden? Ich
zweifle daran, erkannte ich dieselbe doch im ersten
Augenblicke des Wiedersehens selbst nicht. Wie ist sie,
weit ihren Jahren voraus, nicht allein körperlich
sondern auch geistig entwickelt, wie tritt sie so kindlich
und doch so sicher wie eine Weltdame auf. Wie muß
man staunen ob ihrer Selbständigkeit, trotz ihrer
Jugend und kindlichen Mädchenhaftigkeit. Sie ist
meine liebe Alice, wie sie es früher als Kind gewesen
und doch wieder eine so ganz andere! Aber es sind
ja auch Jahre vergangen. Die Welt hat sie geschult
und ihr Talent sie frühzeitig entwickelt und auf eigene
Füße gestellt. Ich würde es nicht können, so un=
bekümmert um andere auftreten zu können. Wie
bange und zage ich bei jedem Schritte, den ich in die

Öffentlichkeit thun muß, mit welcher tiefen, inneren
Angst sende ich noch immer meine litterarischen Erzeugnisse in die Welt! Mit welchen Sorgen sehe ich
den Beurteilungen derselben entgegen.

Drum war es mir auch nicht möglich, selbst bei
diesem Wiedersehen, der Annina mich als Eugen
Marlow einzuführen. Ich konnte es nicht und kann
es nicht. Mag die Zukunft und Zufälligkeit auch
diesen Schleier heben, wie der Himmel will. Wenn
nur erst der heutige und der morgende Tag vorüber
wären! Wie gern eilte ich jetzt noch einmal zu
Annina! Aber ich kann, ich darf nicht! Und überdies ist sie in der Probe, der einzigen, die sie abhält.
Nun, wie Gott will, möge er alles zum besten wenden.

Und der Abend kam. Das Theater war überfüllt, ausverkauft. Unzählige hatten wieder nach Hause
gehen müssen, so groß war der Andrang!

Und als der Vorhang aufging, Annina erschien,
welch eine fast heilige Stille ging durch das Haus.
Es war, als hätte jeder für einen Augenblick den
Atem angehalten. Annina, in der wohl niemand die
Alice Verdessen wieder erkannte, war eine überaus
anmutige, sylphibenartige Erscheinung. Wie waren die
Augen so glänzend und doch so sanft, wie erschien sie
so echt weiblich und dabei doch wieder so bezaubernd
kindlich. Es war oftmals, als müsse man an dieser
eigenartigen Gestalt und Erscheinung die Flügel an

den Schultern suchen, als sei sie nicht von dieser Erde
sondern eine lichte Erscheinung von des Himmles
Höhen. Und als sie sang, das war wie ferner Äols=
harfenklang, das war in jedem Ton eine klassische
Meisterschaft. Eine gallische Priesterin derart hatte
noch niemand gesehen und gehört. Annina Suchetti
schien sich diesmal selber zu übertreffen. Das war
kein Spiel mehr, das war Leben, tief durchdachte
Meisterschaft. Niemand hatte in diesem zarten kind=
lichen Körper eine solche Kraft vermutet. Jeder der
Anwesenden wurde tief ergriffen! Und als endlich der
Vorhang fiel, das Spiel beendet war, da hallte das
Haus von fast nicht endendem Donner des Beifalls
wieder, da mußte die während des Spiels schon durch
vielfachen Applaus gefeierte Künstlerin immer und
immer wieder erscheinen, um sich dem Publikum noch
einmal zu zeigen. Kränze und Blumen wollten sie
fast überschütten. Elfriede aber, mit Thränen des
Dankes und der Glückseligkeit im Auge, eilte nach
Hause; das Herz war ihr übervoll. Auf ihrem Zimmer
angekommen, mußte sie die Hände falten und Gott im
Namen der Freundin danken, der ein so schönes, ein
so großes Talent ihr gegeben. Sie löschte das Licht
aus, sie konnte, sie mochte niemand heut sehen, sie ließ
das Gehörte und Erlebte in ihrem Herzen nachklingen,
bis der Schlaf ihr endlich spät das Auge schloß.

Und die elfte Stunde des nächstfolgenden Vor=

mittags rückte heran. Elfriede war bereits unzählige Male zum Fenster geeilt, um erwartungsvoll auf die Straße zu sehen. Plötzlich ließ ein leichter, haftiger Schritt sich auf dem Flur vernehmen. Die Thür flog auf, Annina Suchetti trat ein, eilte in die Arme der Freundin und sagte, tief aufatmend: „Da hast Du mich! Nun bin ich erst Deine Alice Verbessen ganz und voll wieder. O, Elfriede! welch eine Stunde habe ich erlebt!" Weiter jedoch kam sie in ihrer Rede nicht. Der Senator, gefolgt von dem Doktor und dem Musik= direktor, trat ein. Die Männer stutzten, sie wußten im ersten Augenblicke nicht, was sie denken sollten, ob es Wahrheit oder Dichtung sei, Leben oder Täuschung, was ihre Augen sahen. Doch zu einer Frage oder sonstigen Erörterung blieb keine Zeit. Alice flog dem Senator, kindlich, wie sie es ehedem als junges Mädchen, als Kind gethan, in die Arme und rief, ihn umfassend, unter Lachen, während die Thränen der Freude ihr von der Wange liefen: „Onkel Senator! kennst Du mich nicht, kennst Du Deine Alice nicht? Oder zürnst Du mir, daß ich es gethan, als Annina Suchetti? O, Onkel Senator, ich konnte ja nicht anders." Und als der alte Herr noch immer schwieg, sie nur wieder und immer wieder fester an sein Herz drückte, begann sie fast zu weinen, reichte dem Musikdirektor die Hand zum Gruße hinüber und sagte: „O, Herr Valentin! habe ich denn gestern meine Sache so schlecht

gemacht? Sagen Sie es doch, wenn es ist, daß ich
Ihnen keine schlechte Schülerin gewesen, daß ich ein
wenig Talent besitze." Und während er ihre Hand
drückte und leuchtenden Auges rief: „Wie bin ich stolz
auf solche Schülerin! Sie sind eine große, eine voll=
endete Künstlerin!" gewann der Senator seine Sprache
gleichsam wieder und der Alice in tiefer Rührung die
Wange streichelnd, sagte er: „Kind, Kind! Du beschämst
uns alle! Wie hast Du so Großes vollbracht! Gott
segne Dich!" Und der alte Mann legte die zitternde
Hand wie segnend auf ihr Haupt. Als er sie jedoch
noch einmal umfing und, ihr in das Auge schauend,
fragte: „Bist Du glücklich mein Kind?" Da sagte sie,
wie verklärt, voll innerer Hoheit und strahlenden
Glücks: „Ja, Onkel Senator, ich bin es nicht allein
in diesem Augenblicke, wo ich Dich wieder habe, ich
bin es auch heut, vor einer Stunde gewesen, wo ich
mir den Lohn, gleichsam die Siegespalme aller meiner
Mühen und Anstrengungen eingeheimst. Als ich die
Künstlerlaufbahn ergriff, als ich, unter Bangen und
Zagen meinte, daß mir Gott ein wenig Talent in die
Brust gelegt, da hatte ich, wenn ich unter den Mühen
und Arbeiten des Tages, unter diesem ewigen Lernen,
fast zu erliegen fürchtete, nur diesen einen Gedanken,
zu erneuter Aufraffung, zu neugestähltem Mute in
mir: Du darfst nicht zurückbleiben, Du mußt den
Namen des Vaters zu Ehren bringen. Und als ich

aufgetreten, als mir Beifall und Lorbeeren gespendet
wurden, blieb das Ziel in mir unverrückt vor Augen.
Neid und Kabalen meiner Mitgenossinnen, die niemals
ausbleiben und keinem erspart werden, der öffentlich
auftritt, berührten mich nicht. Als der Vater gestorben
und die armen, kleinen Leute durch ihn ihr Geld, ihr
Erspartes, ihr Vermögen verloren hatten, und ich die
Verwünschungen gegen den Geschiedenen vernahm, da
ging ich zu unserem ersten Buchhalter und erbat mir
heimlich die Liste mit den Namen der Armen und den
Betrag ihrer Forderungen verzeichnet. Ich sagte niemand
davon. Der Buchhalter sah in meinem Wunsche nur
ein kindisches Gebahren, mir aber wurde der Gedanke
zur festen Zielscheibe meines Strebens, der Grund
meines Auftretens, des Ergreifens dieser Laufbahn.
Ich habe gespart. Heute, heute vor einer Stunde
wurden alle, alle die Leute bei Heller und Pfennig
befriedigt. Es hat mich unendlich glücklich gemacht,
diese Überraschung und Freude den Armen bereiten zu
können. Ihr Dank hat mich glücklich gemacht! Das
erste Ziel ist erreicht. Auch die übrigen Gläubiger des
Vaters sollen und werden befriedigt werden. Es darf
auch kein Stäubchen auf dem Namen Verbessen ruhen!"
Wie groß, wie erhaben stand das junge Mädchen,
die Künstlerin, in diesem Augenblicke da! Jetzt aber
sich zu Elfrieden wendend, die bisher bescheiden im
Hintergrunde gestanden und dieselbe hervorziehend und

innig umarmend, sagte sie: „Komm, Du warst mir
die Zeit über eine wahre Freundin, Du hast nicht
allein meine Geheimnisse, meine Gedanken und Träume,
die ich Dir mitgeteilt, gegen alle treu bewahrt. Deine
Briefe haben mich ermutigt, wenn ich zaghaft wurde.
Dir danke ich nicht allein die heutige Überraschung, die
heutige Freude, Dir kann ich niemals ganz und voll
lohnen, was Du an mir gethan. Du wirst mir auch
behilflich sein, daß ich erfahre, wer es mir durch seine
Geldunterstützungen ermöglichte, zur Garcia und später
nach Mailand zur weiteren Ausbildung gehen zu
können." Und als sie sah, daß Elfriede bei diesen
Worten sich wie unwillig abwendete, lachte sie schelmisch
auf und sagte: „Du willst es nicht, daß ich nach diesem
meinem Wohlthäter forsche, aber ich hoffe dennoch hinter
dies Geheimnis zu kommen, wie ich auch den wahren
Namen des Eugen Marlow, des Schriftstellers erfahren
werde, den Du nicht kennst. Nicht wahr Doktor?" und
mit diesen Worten wendete sie sich freundlich an den
Genannten, „Sie helfen mir dazu, oder vielleicht wissen
Sie und kennen Sie längst den Gesuchten, dessen Werk mich
so überaus ansprach, Sie wissen mir ihn sofort zu nennen?"
Doktor Arnulf sah sie einen Augenblick fragend
an, wie als zweifle er an der Aufrichtigkeit ihrer Frage,
als er jedoch bemerkte, wie Elfriede, tief erglühend, sich
abwendete und still abseits ging, sagte er: „Haben Sie
wirklich beim Lesen des Werkes, den Namen des Ver=

faffers nicht geahnt?" Und als er den staunenden
Blick Alicens sah, ging er zu der noch immer im
Hintergrunde stehenden Elfriede, zog die tief erglühende
mit sanfter Gewalt hervor und sagte, sich zu allen An=
wesenden wendend: „Kommen Sie! Es ist nun einmal
heute der Tag der Enthüllungen und der Überraschungen.
Hier unsere Elfriede ist Eugen Marlow!"

Alle standen überrascht und erstaunt. Während
aber der Senator und der Musikdirektor ihr die Hand
glückwünschend reichten, warf sich Alice in ihre Arme,
küßte sie und rief: „Schelm, Schelm! auch gegen mich,
der ich Dir alle meine Geheimnisse anvertraut habe,
hast Du geschwiegen. Aber halt! wie ist mir denn,"
und dabei fuhr sie sich, wie sinnend mit der Hand über
das Gesicht und sich aufs neue stürmisch in die Arme der
Freundin werfend, rief sie: „Elfriede, Elfriede! nun
ist mir alles klar, Du hast geschwiegen um Dich selber
nicht zu verraten, Du, Du bist Eugen Marlow und als
solcher gabst Du mir Dein Honorar, sendetest Du das
Geld zu meinem Fortkommen, zu meiner Ausbildung.
Du hast für mich gearbeitet und wohl um meinetwillen
gedarbt. Was ich wurde, wurde ich durch Dich, durch
Deine Treue, Deine Aufopferung! Wie kann, wie soll
ich Dir je Dein Opfer, Deine Freundschaft vergelten?"

Elfriede löste sich sanft aus ihren Armen und
sagte still bescheiden: „Bin ich nicht überreich belohnt
durch das, was Du wurdest! Annina Suchetti schuldet

mir keinen Dank, sie hat alles wett durch ihre Kunst gemacht."

Von allen Seiten kam es nun zu Fragen und Erörterungen, bis Elfriede sich mit Gewalt losmachte, um ihren Pflichten, den Gästen gegenüber, als Wirtin obliegen zu können. Heinrich, der Bruder, trat schüchtern ein, um seinen Tribut an Huldigungen in Blumen darzubringen. Dann saßen alle gemütlich am Tische und lauschten den Mitteilungen Alicens über ihre Erlebnisse als Annina Suchetti. Elfriede verhielt sich meist still, sinnend, wie dies ihre Art war. Sie blieb stets bescheiden und suchte niemals durch ein Hervortreten sich geltend zu machen, während aber der Musikdirektor und der Senator nicht müde wurden, der Alice als Künstlerin zuzuhören, der Senator mehr als einmal offen erklärte, daß er es jetzt tief fühle und empfinde, welch eine siegende Macht die Kunst sei, wie sie veredelnd auf Herz und Gemüt wirke, saßen die beiden jungen Mädchen immer wieder Hand in Hand, jede sich an den Triumphen und der Anerkennung der anderen erfreuend, fern von jeglichem Neide, jeder Verkennung der Größe der anderen.

Sie genossen beide ihr Glück in ungetrübter Stille und Ruhe. Als man endlich aufbrach, nachdem man sich in Plänen für die Zukunft ergangen, alle, aber besonders der Senator es tief bedauerte, daß Alice schon nächster Tage die Stadt wieder verlassen müsse,

um anderweitig eingegangenen Verpflichtungen nachzu=
kommen, lehnte sich Alice an ihn und sagte, immer
wieder in den alten kindlichen Ton von früher verfallend:
„Onkel Senator! Es geht nicht anders, ich habe ja für
die Ehre des Vaters noch soviel zu schaffen und zu sorgen.
Laß mich nur immer ziehen, so lange die Kräfte aus=
reichen und mein Talent vorhält. Die Kunst ist eine
ernste, strenge Meisterin und Lehrerin, die ihre Jünger
oft nur zu sehr in Anspruch nimmt. Ich bin glücklich,
nun ich Dich versöhnt mit meinem Streben, mit meiner
Kunst weiß. Vielleicht hat Euch aber alle mein Gesang,
meine Stimme bestochen. In der Norma zahlte ich
meinem lieben Lehrer, unserm allverehrten Musikdirektor
den Zoll der Dankbarkeit als Schülerin ab, in meinem
Auftreten als Iphigenie thue ich ein Gleiches Dir Onkel
als Künstlerin. Laßt mich immer diesen stolzen Namen
gebrauchen. Gebe der Himmel, daß ich mich in meiner
Leistung dieses Namens wert und würdig mache. Ade!
Onkel Senater, ade Ihr Lieben alle. Meine Zeit ist
abgelaufen, die Pflicht gebeut. Möge ich als Iphigenie
genügen, ich meine Rolle nicht verfehlt auffassen." Und
ernst, weit über ihre Jahre hinaus, nahm sie Abschied
und schritt zur Thür hinaus.

Am Abend der Aufführung der Ihigenie aber
saßen die Befreundeten alle gemeinsam im Theater zu=
sammen. Sie waren mehr als ernst gestimmt. Sie
bangten nicht, denn sie waren von der Kunst und dem

Talent Alicens überzeugt und durchdrungen, aber Alice war gezwungen sofort nach Beendigung des Theaters abreisen zu müssen. Diese Darstellung war zugleich ihr Abschiedsgruß. Sie schied aufs neue von der Heimat um ihren Siegeszug durch die Welt zu machen, um vielleicht nach Jahren erst wieder heimzukehren, während auch Elfriede weiter schaffte. Die Freunde waren tief ergriffen von ihrem Spiel, sie wußten sich nicht zu sagen, ob sie größer als Sängerin oder als Schau=spielerin sei. Der Senator saß so ernst und doch tief innerlich glücklich. Er fühlte, daß die wahre Kunst etwas Großes sei. Noch lange, nach Jahren meinte er im Geist die Worte zu hören, wie Annina sie so wahr, so seelen=voll gesprochen, er vergaß sie nimmer, noch meinte er oft zu hören:

„So steigst du denn, Erfüllung, schönste Tochter
Des größten Vaters, endlich zu mir nieder! —
— O laßt das lang erwartete,
Noch kaum gedachte Glück nicht wie den Schatten
Des abgeschiednen Freundes, eitel mir
Und dreifach schmerzlicher vorübergehn!"

Bis sie am Schluß mit allem Wohllaut ihrer schönen Stimme, im vollendeten Spiele sagte:

„Leb' wohl! O wende Dich zu uns und gieb
Ein holdes Wort des Abschieds mir zurück!
Dann schwellt der Wind die Segel sanfter an,
Und Thränen fließen lindernder vom Auge
Des Scheidenden. Leb' wohl! und reiche mir
Zum Pfand der alten Freundschaft beine Rechte."

⬦⬦⬦

15.

Jahre sind vergangen, · nicht viel, aber dennoch genug, um in dem Leben der uns Betreffenden die mannigfachsten Veränderungen hervorzurufen.

Elfriede ist aus ihrer Verborgenheit und Namen=losigkeit herausgetreten, sie ist zu einer bekannten, geachteten Schriftstellerin herangewachsen. Ihre Werke werden gesucht und gern gelesen. Dennoch steht sie im Ganzen einsam, vereinsamt im Leben. Den Senator hat der Tod von dieser Erde abgerufen. Die letzten Tage seines Daseins wurden ihm verschönt durch den Ruhm, den Alice sich mehr und mehr erwarb. Ihr Glück war der Glanzpunkt seines Lebens; der ihm das Sterben leicht machte. Doktor Arnulf war nach einem anderen Orte übergesiedelt; wie auch der Musik=direktor einem ehrenvollen Rufe nach dem Rhein gefolgt war. Elfriede war allein zurückgeblieben, ihr Glück, ihre Freude im Schaffen, im Arbeiten findend. Sie hatte das Häuschen, in dem sie bislang gewohnt, als Eigentum erworben. Der Bruder, der Heinrich, suchte eine Ehre darin, den kleinen Garten, gleich einem

Schmuckkästchen in Stand zu halten. Er zog die schönsten Rosen darin, wie man solche sonst nirgend fand. Elfriede lebte in der Welt ihrer Träume und Gedanken. Sie war und blieb eine ernste, in sich abgeschlossene Natur. Umgang suchte und fand sie wenig, aber mit den bedeutendsten Männern der Zeit stand sie in einem regen Briefwechsel, wie sie auch der alten Freunde nie vergaß. Sie machte von Zeit zu Zeit kleinere oder größere Reisen, wodurch sich ihr Gesichtskreis, ihre Anschauungen und Menschenkenntnisse erweiterten, und wodurch ihre Werke an Tiefe und Gediegenheit gewannen. Hatte sie im Strudel des Reiselebens neue Ideen erworben, der Biene gleich hier und dort den Blütenstaub des Lebens gesammelt, dann kehrte sie heim, um in der Stille ihres Arbeitszimmers zu schaffen und zu arbeiten, um die Welt mit einem neuen Werke ihres Geistes zu erfreuen. War sie stundenlang thätig gewesen, ermattete der Flug ihrer Phantasie, so trat sie zum Fenster, oder ging zum Garten hinab, um sich in den Steigen zu ergehen und an dem Duft der Rosen zu laben. Machte die Jahreszeit oder das Wetter diese Gänge zur Unmöglichkeit, so hatte der Bruder für blühende Gewächse am Fenster gesorgt, Rosen- und Veilchenduft fehlte ihr fast nimmer!

Sollte und konnte sie nicht glücklich sein? Sie war es auch, tief innen, wenn auch nicht so, was die

Welt unter Glück versteht. Sie war und blieb ein=
sam, von vielen geliebt, die ihre Werke lasen, von
wenigen gekannt und erkannt!

Und Alice? O, nicht wahr, die war glücklich,
unendlich glücklich! Die gaukelte durch das Leben,
wie der Schmetterling, der von Blume zu Blume
gaukelt. Sie geht wie in einem Märchentraum auf
ihrer Siegeslaufbahn dahin. Sie ist der erklärte
Liebling aller, und wo sie erscheint bringt sie Licht
und Sonnenschein!

Elfriede denkt es und muß es denken. Ihr letzter
Brief, der Alice Brief, war ja noch so des Glückes
und der Freude voll. Und wie schön blühen und duften
im Garten die Rosen, trotz des Herbstes, der mehr
und mehr herangekommen.

Elfriede sieht's von ihrem Fenster aus und freut
sich derselben. Da klopft's, sie erschrickt, jäh aus schönem
Traum erwachend. Ein Telegramm wird ihr gebracht.
Sie liest's und erbleicht. Man schrieb: „Alice ruft,
Elfriede komm zu Deiner sterbenden Annina Suchetti.“

Wohin war alles Glück! Wen die Götter lieb
haben, den lassen sie in der Jugend sterben. So hieß
es bei den Alten! Und Annina war ja ein Liebling,
die Musen und die Grazien hatten an ihrer Wiege
gestanden und sie bis hieher geleitet. Sollte der Tod
ihr nahe sein? Elfriede hatte keinen klaren Gedanken.
Sie wußte nur dies eine, daß sie reisen müsse. Und

fie reifte fofort ohne Aufenthalt, ohne Ruhe und Raft, nur in dem einen Gedanken: „Herr! laß fie nicht fterben!" Doch Gottes Wege find nicht unfere Wege. Als fie kam und in das Krankenzimmer trat, da überzeugte fie ein Blick auf die auf dem Lager Ruhende, daß hier der Tod nahe und er gekommen fich ein Herz zu werben. Kommft Du? rief die Kranke und fuchte fich ein wenig aufzurichten und der Nahenden die Hand zum Gruße zu reichen. Es geht zu Ende, aber traure nicht um mich. Ich habe des Lebens Glück in ganzer Fülle genoffen, die Bruft war zu fchwach, wie ich immer gefagt und gefürchtet! Aber weine nicht. Wie der Schwan noch einmal dicht vor feinem Sterben fingt, fo hab' auch ich gefungen. Der Nachtigall Lied ertönt am fchönften in tiefer, dunkler Nacht. Meine Nacht war fchon längft angebrochen, aber ich mußte dennoch fingen, denn im Singen lag mein Leben.

Nur einmal, noch ein einzig Mal,
Möcht' ich in Lieb' und Luft
Ausftrömen all' mein Glück und Qual
Im Lied, aus voller Bruft.
Möcht' fingen wie aus dem Gebüfch
Nachts fingt die Nachtigall;
Die Lerch' am Tage, frühlingsfrifch,
Rings weckt den Widerhall.
Dann wie auf lichtem Wolkenboot,
Der Mond zieht feine Bahn;
Möcht' ich, umhaucht vom Abendrot,
Hinfterben wie der Schwan.

Wie rührend schön sprach sie die Worte. Wie war ihr Auge durchgeistigt, engelhaft verklärt. Wie waren die Wangen von leichtem Rote angehaucht, wie der tief innere Kelch einer weißen Rose.

Und die Freundinnen und die Kolleginnen, die Mitglieder der Bühne waren leise in das Nebenzimmer getreten. Innige Teilnahme und Verehrung hatte sie alle, unverabredet, hieher geführt. Wie in einer Kirche war es still, niemand wagte zu atmen, hin und wieder die Stille nur unterbrochen von leisem, unterbrücktem Weinen.

Und Annina sprach: „Warum weinen sie und wollen mich beklagen!" Auf den Wegen der Kunst bin ich gegangen, als stände ich auf der Bühne, will ich sterben. Singt mir mein Lieblingslied, ihr kennt es ja!

Und leise, als ob ein Seraph sänge, wie Äols= harfenklang ertönte es, begann sie zu singen, während Elfriede sie in ihren Armen hielt, gleichsam als wolle sie die vorhin gesprochenen Worte zur Wahrheit werden lassen, als wolle sie, wie der Schwan singend sterben:

> Wenn ich ein Vöglein wär,
> Flög' ich wohl übers Meer,
> Weit, weit von hier!
> Flög' durch den Sonnenschein,
> Grad'wegs zum Himmel ein,
> Mein Gott zu Dir.

Die letzten Töne verhallten wie ein leise dahin=
schwebender Glockenton. Langsam hatte sie sich wieder
in die Kissen zurückgelehnt und lag nun, mit geöffnetem
Auge, wie als lausche sie den Harfenklängen einer
fernen, überirdischen Welt.

Drinnen im Zimmer und in der Nebenstube blieb
kein Auge trocken. Sie waren ja alle aus innigem
Mitgefühl gekommen, zu der Sterbenden, zu der im
Leben stets neidlosen Kollegin, die immer helfend und
fördernd eingetreten, wo sie es gekonnt, die wie ein
Meteor am Theaterhimmel aufgestiegen und nun, nach
kurzer Laufbahn, wie ein leuchtender Stern in Nacht
versinkend, nun zu Grabe ging. Sie liebten sie alle.
Und als der Dirigent ihrer Kapelle, der mitgekommen,
zum Instrument trat, und den schönen Chor der
Priesterinnen aus Glucks Iphigenie auf Tauris zu
intonieren begann, da stimmten sie alle mit ein und
sangen, so schön, so rein, von Andacht trunken, wie
sie noch nie gesungen. Und wenn auch die Thränen
ihnen allen leise von den Wangen rannen, sie sangen
weiter. Es konnte in einer Kirche nicht andachts=
voller, feierlicher sein! Annina aber lag mit Augen,
die wie in einem überirdischen Glanze glänzten, und
lauschte den Klängen. Sie schien nicht mehr auf
Erden, ihr Geist schien bereits im Himmel zu sein!

Und als die Stimmen schwiegen, der Chor ver=
klungen, da zog es wie ein seliges Lächeln ·über

das Angesicht der Sterbenden, und mit dem letzten Lebenshauch, der ihr noch geblieben, sagte sie: „Leb' wohl Elfriede! Dank allen". Beklaget mich nicht, ich habe der Kunst gelebt, ich sterbe glücklich!"

Ein Hauch, ein letztes Augenwinken und sie war verschieden. Nach dreien Tagen trug man sie zu Grabe, die blühende Myrtenkrone im jungfräulichen Haar.

Ihr Sarg und ihr Grab war mit Blumen überschüttet. Doch die Sänger, die gekommen waren zu singen:

> Es ist bestimmt in Gottes Rat,
> Daß man vom Liebsten, das man hat
> Muß scheiden.

konnten es vor Schmerz und Wehmut nicht. Die Augen gingen ihnen über. Sie hatten sie alle lieb gehabt und sich ihres Strebens, ihrer Kunst, ihrer Erfolge gefreut.

Elfriede aber hatte nicht allein eine auf dem Wege der Kunst Mitstrebende verloren; sie hatte ihre liebste, ihre beste Freundin nicht mehr und mit den Blumen, die sie auf das Grab gelegt, hatte sie die eigene Jugend begraben.

Einsam ging sie durchs Leben, nur der Kunst, nur ihrem Talente lebend. In ihren Werken pulsierte ihr Herz. Altmeister Goethe sagt: „Wahre Kunst ist wie gute Gesellschaft, sie nötigt uns auf die angenehmste

Weise, das Maß zu erkennen, nach dem und zu dem unser Innerstes gebildet ist.

Dem lebte und strebte sie nach. In der Arbeit, im Schaffen fand sie ihr Glück!

Und findet es noch! Denn noch lebt sie und die Welt erfreut sich ihrer Werke. Glück auf!